T0198937

essentials

essentials liefern aktuelles Wissen in konzentrierter Form. Die Essenz dessen, worauf es als „State-of-the-Art" in der gegenwärtigen Fachdiskussion oder in der Praxis ankommt. *essentials* informieren schnell, unkompliziert und verständlich

- als Einführung in ein aktuelles Thema aus Ihrem Fachgebiet
- als Einstieg in ein für Sie noch unbekanntes Themenfeld
- als Einblick, um zum Thema mitreden zu können

Die Bücher in elektronischer und gedruckter Form bringen das Expertenwissen von Springer-Fachautoren kompakt zur Darstellung. Sie sind besonders für die Nutzung als eBook auf Tablet-PCs, eBook-Readern und Smartphones geeignet. *essentials:* Wissensbausteine aus den Wirtschafts-, Sozial- und Geisteswissenschaften, aus Technik und Naturwissenschaften sowie aus Medizin, Psychologie und Gesundheitsberufen. Von renommierten Autoren aller Springer-Verlagsmarken.

Weitere Bände in der Reihe http://www.springer.com/series/13088

Andreas Dotzauer · Marielle Queitsch ·
Wolfgang Söhner

Talent-Management am Beispiel der Automobilwirtschaft

Impulse für erfolgreiche
Mitarbeiterbindung und
-entwicklung

Andreas Dotzauer
Dotzauer Beratung
Saarbrücken, Deutschland

Marielle Queitsch
SRH Hochschule Heidelberg
Heidelberg, Deutschland

Wolfgang Söhner
SRH Hochschule Heidelberg
Heidelberg, Deutschland

ISSN 2197-6708   ISSN 2197-6716 (electronic)
essentials
ISBN 978-3-658-32776-7   ISBN 978-3-658-32777-4 (eBook)
https://doi.org/10.1007/978-3-658-32777-4

Die Deutsche Nationalbibliothek verzeichnet diese Publikation in der Deutschen Nationalbiblio-grafie; detaillierte bibliografische Daten sind im Internet über http://dnb.d-nb.de abrufbar.

Planung/Lektorat: Christine Sheppard
Springer Gabler ist ein Imprint der eingetragenen Gesellschaft Springer Fachmedien Wiesbaden GmbH und ist ein Teil von Springer Nature.
Die Anschrift der Gesellschaft ist: Abraham-Lincoln-Str. 46, 65189 Wiesbaden, Germany

Was Sie in diesem *essential* finden können

- Untersuchung der zunehmenden Bedeutung von Talent-Management als zentrales Gestaltungsfeld der betrieblichen Personalarbeit – gerade auch in der Automobilwirtschaft.
- Kompakte und fundierte Einblicke aus theoretischer und praxisorientierter Perspektive.
- Erkenntnisse aus Interviews mit Personalexperten und Young Professionals für Impulse zur Professionalisierung der Personalarbeit.

Inhaltsverzeichnis

Über die Autoren

Andreas Dotzauer ist Bankkaufmann (IHK), Diplom-Kaufmann (Univ.) und Master of Arts (Univ.). Er besitzt langjährige Berufs- und Führungserfahrung als Leiter Personal(entwicklung) im Mittelstand und Konzernunternehmen. Er arbeitet seit vielen Jahren als Berater, Trainer, Business Coach und als Lehrbeauftragter u. a. für die FOM Hochschule für Oekonomie & Management.

Marielle Queitsch (M.A. International Human Resource Management) ist seit mehreren Jahren als Studiengangsmanagerin an der SRH Hochschule Heidelberg für die akademische Ausbildung angehender Führungskräfte im Master Management und Leadership verantwortlich.

Prof. Dr. rer. pol. Wolfgang Söhner verantwortet die Module Personal und Organisation sowie Automotive Management an der SRH Hochschule Heidelberg. Er besitzt umfassende Leitungserfahrung in mittelständischen Unternehmen der Automobilwirtschaft und ist u. a. als Aufsichtsratsmitglied in einer großen Autohausgruppe tätig.

Einleitung und Zielsetzung

Im vorliegenden Essential soll der Fokus auf das Talent-Management gelegt werden. Dabei wird insbesondere die Situation in der automobilen Wertschöpfungskette im engeren Sinne beleuchtet, also

- in der Autoindustrie *(Automobilzulieferer und -hersteller)* mit 822.873 Beschäftigten im Jahr 2019 (BMWi 2020, Eckdaten, o. S.)
- und den nachgeordneten *Sales- und After-Sales-Betrieben* (Autohäuser und -werkstätten) 439.000 Beschäftigten (in 2019) (ZDK 2020, S. 7).

Der im Jahr 2019 erwirtschaftete volkswirtschaftliche Gesamtbeitrag von 622 Mrd. € Umsatz gliedert sich in:

- 436 Mrd. € der Hersteller und Zulieferer (BMWi 2020, Eckdaten, o. S.)
- sowie 186 Mrd. € der Sales- und After Sales-Betriebe (ZDK 2020, S. 10).

„Die Automobilindustrie ist damit die größte Branche des Verarbeitenden Gewerbes und gemessen am Umsatz der mit Abstand bedeutendste Industriezweig in Deutschland ... (und) ... hat daher eine sehr hohe Bedeutung für Wohlstand und Beschäftigung in Deutschland." (BMWi 2020, o. S.).

Die Unternehmen der automobilen Wertschöpfungskette zählen nach wie vor zu den beliebtesten Arbeitgebern in Deutschland. So wählten im Universum Survey 2020 weltweit 47.010 Studierende verschiedener Fachrichtungen unter die TOP 5 der Kategorie Business drei Autohersteller, in der Kategorie Engineering fünf Unternehmen der Autoindustrie sowie in der Kategorie IT einen Autohersteller. Im Mehrjahresvergleich müssen Autohersteller und Zulieferer dennoch einen leichten Rückgang ihrer Beliebtheit als attraktive Arbeitgeber hinnehmen (Universum 2020, o. S.). Das kann mit den Unwägbarkeiten der großen Transformation, dem Imageschaden aus dem Dieselskandal und der Unsicherheit der Corona-Krise zusammenhängen.

Die indizierte abnehmende Attraktivität, allgemeine Human Resources (HR)-Megatrends sowie die automobilen Megatrends wirken auf dieses bedeutende Segment des Arbeitsmarktes mit in Summe 1,27 Mio. Arbeitsplätzen. Deshalb müssen Maßnahmen entwickelt werden, die den negativen Effekten entgegenwirken.

Grundsätzlich lässt sich das Thema Talent-Management dem Bereich Human Resources Management sowie den Aufgaben der HR Business Partner zuordnen und besteht in modernen Unternehmen meist neben der Personalentwicklung oder ist ein Teil von ihr. Zielsetzung ist im Folgenden, die herausfordernde Ausgangssituation im Automobilbereich zu skizzieren, Informationen über Talent-Management zu vermitteln und fundierte Empfehlungen für die Praxis abzuleiten.

Herausforderungen im Bereich Automotive

Die Einflüsse der Makroumwelt vermindern zunehmend die Erfolgsaussichten bzw. den Erfolg der Automobilbranche. Protektionistische Restriktionen (wie z. B. Strafzölle durch USA oder China bzw. der Austritt von Großbritannien aus der EU), politisch verhängte Sanktionen (wie z. B. gegen Russland oder Iran) sowie staatliche Eingriffe aufgrund des Klimawandels und zum Schutz der Bevölkerung (Festlegung von Schadstoffgrenzwerten, Fahrverbote, etc.) oder zur Eindämmung von Katastrophen (z. B. Finanzkrise, Corona-Pandemie etc.) können von den Unternehmen nicht beeinflusst werden. Dagegen sind Einflüsse durch das sog. Dieselgate bzw. Kartellabsprachen hausgemacht und haben bereits jetzt schon einen erheblichen finanziellen und Imageschaden angerichtet. Die gesellschaftlichen und technologischen Makroeinflüsse bzw. Megatrends stellen besondere Herausforderungen für das Personalmanagement im automobilen Sektor dar.

2.1 Fachkräftemangel und qualifikatorischer Mismatch

Fachkräftemangel führt nicht nur zu Umsatz- und damit Ergebnisverlust, sondern bewirkt bei den Unternehmen auch Veränderungen bei der Standortstrategie. Der Trend führt schon seit einigen Jahren zu ansteigenden Zahlen.

So wird sich der Arbeitskräftemangel in Deutschland nach einer Studie des Basler Prognos-Instituts bis 2025 auf 2,9 Mio. Fachkräfte erhöhen (Ehrentraut 2019, S. 35).

Nicht nur der demografische Wandel führt zu Fachkräftemangel, sondern in zunehmendem Maße auch der *qualifikatorische Mismatch*. Darunter versteht man in diesem Zusammenhang das Auseinanderentwickeln der Qualifikationsstrukturen von Angebot und Nachfrage, nämlich bis 2025 um voraussichtlich

© Springer Fachmedien Wiesbaden GmbH, ein Teil von Springer Nature 2021
A. Dotzauer et al., *Talent-Management am Beispiel der Automobilwirtschaft,*
essentials, https://doi.org/10.1007/978-3-658-32777-4_2

800.000 nicht zu besetzende Stellen, bis 2045 sogar um 2 Mio. (Ehrentraut 2019, S. 37–38).

Fraglich ist, ob die Automobilwirtschaft die freizusetzenden Mitarbeiter so entwickeln kann, dass die Arbeitskräfteunterdeckung ausgeglichen werden kann. Selbst in der *Coronakrise* herrschte Unterdeckung. So lag die Zahl der offenen Stellen bei 893.000 im Juli 2020 (IAB 2020, o. S.) und auch die Anzahl der angebotenen Berufsausbildungsstellen war im August um 56.000 höher als die Zahl der Bewerberinnen und Bewerber (BA 2020, S. 33).

Auch wenn die Corona-Krise die Nachfrage nach Arbeitskräften vermindert und den Fokus auf andere HR-Themen gerichtet hat, ist der Fachkräftemangel nach wie vor latent vorhanden und wird nach der Krise mit wachsender Wirtschaft wieder eine zentrale Rolle spielen.

Zusammenfassend kann konstatiert werden, dass der Arbeitskräftemangel, verursacht durch den demografischen Wandel und den qualifikatorischen Mismatch, für das Personalmanagement wohl die größte Herausforderung im "war for talents" darstellt.

2.2 Automobile Megatrends

Aus den Megatrends, wie sie z. B. vom Zukunftsinstitut (2020) beschrieben werden, lassen sich die vier mächtigsten automobilen Technologietrends mit dem Akronym CASE (Daimler 2020, o. S.) bzw. ACES (McKinsey 2020, o. S.) ableiten.

Connected (C) beschreibt die Vernetzung der Fahrzeuge mit dem Fahrer, untereinander und mit ihrer Umwelt. Dadurch können sich Autos vorausschauend vor Gefahren warnen. Die After Sales Prozesse werden kundenfreundlicher. Denn nachdem der Wagen einen Service- oder Reparaturbedarf selbstständig festgestellt hat, nimmt er direkt mit einem Servicebetrieb Kontakt auf, plant einen Reparaturtermin, lässt die Teileverfügbarkeit prüfen bzw. veranlasst deren Bestellung. Die Vernetzung mit dem Hersteller vereinfacht Fehlerdiagnosen, Rückrufabwicklungen, Aufspielen von Updates oder sogar die Freischaltung von bereits eingebauten Sonderausstattungen (on demand). Dies führt zu vereinfachten, veränderten oder wegfallenden dispositiven bzw. Werkstatttätigkeiten. Digitale Vernetzung ist zudem die Voraussetzung für autonomes Fahren.

Autonomous (A) bedeutet in der Endstufe das vollautomatische (fahrerlose) Fahren des Autos. Dies wird zu einer deutlichen Verbesserung des Verkehrsmanagements und zu einer erheblichen Verringerung von Unfällen führen. Diese soll Schätzungen zufolge bis zu 90 % betragen (McKinsey 2015, o. S.), mit deutlichen personalwirtschaftlichen Auswirkungen bei Karosserieteileherstellern, Reparaturwerkstätten und Kraftfahrzeugversicherern.

Shared (S), also unter geteilter Mobilität, werden Car- und Ridesharing verstanden, somit nicht mehr der Besitz, sondern die Nutzung eines fremden Fahrzeuges. Dadurch werden sich das Fahrzeugangebot, der Neuwagenvertrieb und Service strukturell verändern.

Electric (E) ist die Zukunft, denn die CO_2-Ziele des Europäischen Parlamentes für 2030 sind mit fossilen Brennstoffen nicht mehr erreichbar. Ob sich die Batterie- oder Brennstoffzellen-betriebene Antriebsversion durchsetzen wird, ist für die personalwirtschaftliche Betrachtung weniger relevant. Fakt ist, dass der für beide Versionen benötigte Elektromotor nur noch aus ca. 210 Teilen besteht, während der Verbrenner 1400 Teile benötigt (Fraunhofer 2020,o. S.). Ferner benötigt er so gut wie keine Betriebsstoffe (vor allem kein Motoröl) und verschleißt bedeutend weniger Teile. Hier dürften Berufsbilder wie bspw. Kundendienstmonteur oder einfache Mechaniker sowie Produktionstätigkeiten verschwinden, neue (z. B. Kfz-Starkstrommonteure oder IT-Stellen) und damit auch neue Qualifikationsbedarfe entstehen.

Abb. 2.1 veranschaulicht die skizzierten technischen CASE-Trends. Sie wirken

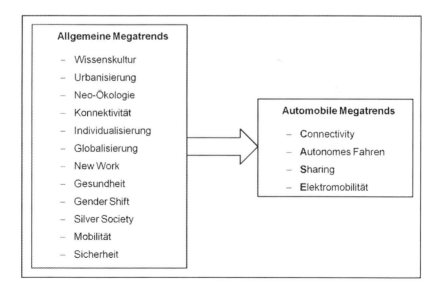

Abb. 2.1 Allgemeine und automobile Megatrends. (Quelle: eigene Darstellung)

sich auf nahezu alle Unternehmen der automobilen Wertschöpfungskette – und damit auch deren Personalbereiche – aus. Hinzu kommen weitere Veränderungen der „neuen" Arbeitswelt.

2.3   Die Diskussion über die „neue" Arbeitswelt

Mit Bezeichnungen wie „Arbeit 4.0" oder „New Work" wird die (künftige) Arbeitswelt mit ihrem technologischen Fortschritt und seinen Auswirkungen umschrieben. Eingeschlossen ist auch der Wandel der Erwartungen bzw. Ansprüche vonseiten der Mitarbeitenden. Hinzu kommt, dass Arbeit zunehmend (gesundheitlich) herausfordernd ist. Dies belegen bspw. regelmäßig Veröffentlichungen von Krankenkassen. Zudem ist die Entwicklung der Beschäftigungssituation ungewiss. Schon vor Corona bestanden Ängste, dass sich durch Automatisierung, Digitalisierung, künstliche Intelligenz etc. künftiges Arbeiten nicht nur verändert, sondern, dass auch zumindest ein Teil der Arbeitsplätze bedroht ist. Einen Zwischenstand über Studien zur Zukunft der Arbeit bieten Jacobs et al. (2018), passim. Verkürzt bringt es das Akronym „Flexicurity" auf den Punkt (Keller und Seifert 2002, S. 90; Rump und Eilers 2017, S. 195). Unternehmen sollten ihren Mitarbeitenden möglichst viel Flexibilität (flexibility) bieten – bspw. hinsichtlich herausfordernder Aufgabeninhalte, Karriereoptionen, Arbeitszeit/-ort etc. Gleichzeitig ist ein Grundmaß an (Arbeitsplatz-)Sicherheit (security) erforderlich. Zudem sollten sowohl Unternehmen als auch Mitarbeitende die sog. „Employability" (Rump und Eilers 2017, S. 195–196) im Blick haben – die beiderseitige Verantwortung für die Fähigkeit, auch künftig berufliche Herausforderungen zu meistern. Somit gilt es, vor dem Hintergrund einer sich verändernden Arbeitswelt eine Balance zwischen Flexibilität und Stabilität herzustellen. Maßnahmen des Talent-Managements können entscheidend dazu beitragen. Der Fokus liegt meist auf bestimmten strategisch besonders wichtigen Zielgruppen (bspw. (Führungs-)Nachwuchskräfte). Nicht vergessen werden sollten Maßnahmen zur generellen Verbesserung der Zusammenarbeit bzw. des Zusammenhalts. Aus Sicht der Mitarbeitenden besteht hinsichtlich der Entwicklung einer entsprechenden Unternehmens- bzw. Führungskultur weiterhin Nachholbedarf (Institut DGB-Index Gute Arbeit 2019, passim). Zudem können die Erfahrungen mit dem coronabedingten Homeoffice dazu führen, dass die (Wissens-)Arbeit – bspw. der Funktions-/Stabsbereiche – zumindest teilweise neugestaltet wird.

Ausgewählte Auswirkungen auf den Personalbereich

3

3.1 Strategische Personalplanung in der automobilen Transformation

Die strategischen Geschäftsziele der (Automobil-)Unternehmen sind mit zeitlich abnehmenden Eintrittswahrscheinlichkeiten unterlegt, sodass Planungen, insbesondere auch die Personalplanung, mit einem höheren Risiko verbunden sind und einen kürzeren Zeithorizont haben.

Die Herausforderung für die Automobilunternehmen besteht darin, den demografischen Wandel, die digitale und ökologische Transformation sowie die Corona-Krise in die Personalplanung zu übersetzen. Folgende Statements verdeutlichen dies:

1. Der prognostizierte Verlust an Arbeitsplätzen in der Automobilbranche bis 2030 könnte bei bis zu 410.000 Stellen liegen (NPM 2020, S. 17), durch die Elektrifizierung des Antriebsstranges (nur bei Pkw) geht die IAB-Forschungsstudie von einem Minus von 114.000 Jobs bis 2035 aus (Mönnig et al. 2018, S. 42).
2. Die Corona-Krise könnte kurzfristig zusätzlich negative Auswirkungen auf die Anzahl der Arbeitsplätze haben, mittelfristig dürfte sich dies aber egalisieren. Die Corona-Krise dient eher als Deckmantel für den ohnehin notwendigen Stellenabbau in der automobilen Wertschöpfungskette. Dadurch sind in erster Linie Arbeitsplätze (2035: 62 % des Stellenverlustes) mit einem niedrigeren Anforderungsniveau gefährdet (Mönnig et al. 2018, S. 41).
3. In den nächsten Jahren werden aber auch neue Arbeitsplätze entstehen, vor allem in den Bereichen Elektrifizierung der Fahrzeuge und Digitalisierung,

© Springer Fachmedien Wiesbaden GmbH, ein Teil von Springer Nature 2021
A. Dotzauer et al., *Talent-Management am Beispiel der Automobilwirtschaft,*
essentials, https://doi.org/10.1007/978-3-658-32777-4_3

aber auch in der Entwicklung fahrzeugbezogener Software sowie für die Fertigung von Batteriezellen. Tesla wird in seiner „Gigafactory" in Grünheide bis zu 12.000 Mitarbeiter beschäftigen (rbb 2020, o. S.), dazu kommt eine ähnliche große Zahl neuer Arbeitsplätze bei Zulieferern.
4. Selbst in der Corona-Krise am Ende des 2. Quartals 2020 blieben nahezu 900.000 Stellen unbesetzt (IAB 2020, o. S.).

Die skizzierten Punkte machen deutlich, dass die strategische Personalplanung künftig eine noch größere Bedeutung hat.

3.2 Operatives Personalmanagement im Umbruch

Im Folgenden wird auf einige Auswirkungen der automobilen Herausforderungen im operativen Personalmanagement, von der Bedarfsplanung bis zur Personalfreisetzung eingegangen.

Netto-Bedarfsplanung Aus dem strategischen Input kann mit den bekannten Methoden der Bruttopersonalbedarf relativ gut bestimmt werden. Um zum Nettobedarf zu gelangen, muss für den Planungszeitraum der zu erwartende Personal-Istbestand prognostiziert werden. Dazu liefert die fortgeschriebene Altersstrukturanalyse die grobe Grundlage, die durch Schätzungen der Fluktuation und Fehlzeiten verfeinert werden kann.

Diese könnten sich durch den allgemeinen Wertewandel bzgl. der Abschwächung von Bindung und Commitment nach dem Imageschaden durch Dieselgate und die Verunsicherung durch die anstehende Transformation und die Corona-Krise noch deutlich verstärken. Die „Employer Brand" der Automobilbranche wird sich verändern müssen.

Freisetzung von Personalkapazität Wie bereits in der Finanzkrise 2008/2009 hat das Instrument des Kurzarbeitergeldes zur temporären Freisetzung von Personalkapazität auch in der Corona-Krise eine Katastrophe am Arbeitsmarkt verhindert. Bei strukturellen Veränderungen, wie sie die Autobranche gerade erlebt, kann dieses Instrument kaum helfen. Deshalb müssen konkrete Freisetzungsmaßnahmen geplant werden.

Vor und während der Coronakrise kündigten die Daimler AG an, 10.000 Stellen abzubauen, Audi 9.500 und BMW 6.500 (N-TV 03.07.2020, o. S.), VW Nutzfahrzeuge 5.000 (Wiwo 21.06.2020, o. S.). Bedingt durch weitreichende Jobgarantien (z. B. Daimler und VW bis 2029) sind andere Freisetzungsmaßnahmen, wie Altersteilzeit, Abfindungsangebote, Abbau von Zeitarbeitern oder Versetzung mit entsprechender Personalentwicklung, erforderlich.

Personalbeschaffung Neben dem Wegfall von Arbeitsplätzen werden (deutlich weniger) neue Stellen mit anderen Qualifikationsanforderungen entstehen und zu besetzen sein. Diese „Transformation" ist eine besondere Herausforderung für die Personalentwicklung.

3.3 Personal-, Organisations- und Führungskräfteentwicklung im Wandel

Die betriebliche *Personalentwicklung* (PE) befasst sich primär mit der Weiterentwicklung der Kompetenzen der (einzelnen) Mitarbeitenden. Dabei stehen neben fachlichem Know-how methodische Fähigkeiten sowie soziale und persönliche Kompetenzen im Fokus (auch im Folgenden Franken und Franken 2020, S. 220–225). Ziel ist, auch künftig Problemsituationen erfolgreich bewältigen zu können. Früher übliches, seminaristisch geprägtes, formales Lernen erweitert sich um informelle und selbstgesteuerte Lernformen. Generell existiert eine Vielzahl von PE-Maßnahmen bzw. PE-Instrumenten. Sie können hinsichtlich ihrer Nähe zum Arbeitsplatz und zeitlicher Aspekte (bspw. am Anfang oder gegen Ende der Mitarbeit im Unternehmen) unterschieden werden. Bekannte Beispiele sind Coaching, Mentoring oder veränderte Arbeitsaufgaben (u. a. Job Rotation). Ideenmanagement kann Initiative, Kreativität und gleichzeitig die Unternehmenskultur verändern. Dies bewirken auch gruppen- bzw. teamorientierte Aktivitäten – die Bandbreite reicht von Lerngruppen und klassischer Projektarbeit über Qualitäts- bzw. Innovationsteams bis zu neueren Formaten (vgl. auch im Folgenden Franken und Franken 2020, S. 226–232). Dazu zählen bspw. inspirierende TED-Talks – Akronym aus den Anfangsbuchstaben von Technik, Entertainment und Design (Edelkraut und Balzer 2016, passim) oder Working Out Loud – ein besonderes digitales Austauschformat betrieblicher Experten (Scholz 2018, S. 7). Dadurch wird zunehmend auch „organisationales Lernen" gefördert. Solche Aktivitäten der *Organisationsentwicklung* zielen demnach insbesondere darauf ab, unternehmensweites Lernen, Flexibilität und Innovation zu stärken (Nerdinger 2019, S. 180).

Bei dieser personalwirtschaftlich geprägten Betrachtung wird neben den Mitarbeitenden der Fokus auf die *Entwicklung von Führungskräften* gelegt. Etabliert hat sich mittlerweile, dass sich die hierarchisch geprägte Rolle eines „Vorgesetz-ten" wandelt – nämlich zu einer mitarbeiter- und dialogorientierten Führungskraft. Zentrale Eckpfeiler sind vorbildliches (Führungs-)Verhalten sowie individuelle Unterstützung und Förderung – auch einer konstruktiv-kritischen Haltung, die gemeinsame Weiterentwicklung ermöglicht (Stichwort transformationale Führung (Lang 2014, S. 101–104)). Hinzu kommt die durch Corona intensivierte Heraus-forderung, auch virtuell führen zu können (Albrecht 2016, S. 17; Wüthrich 2020, S. 164–167). Führungskräfte sollten die aus einem VUKA-Umfeld (etabliertes Akronym aus Volatilität, Unsicherheit, Komplexität und Ambiguität) resultieren-den Herausforderungen und Lösungsansätze gemeinsam reflektieren. Ein dafür geeignetes Format ist kollegiale Beratung bzw. Intervision (Tietze 2020, S. 11–14; Kühl und Schäfer 2020, S. 5–7 und 27–31).

Die drei skizzierten Entwicklungsbereiche werden oft eher prozessual bzw. funktional betrachtet. Daraus resultiert vermeintlich eine ausschließliche (ope-rative) Zuständigkeit der Personalabteilung. Benötigt wird vielmehr ein über-geordneter, strategischer Ansatz wie das Employer Branding (Immerschitt und Stumpf 2019, S. 35–44) – der gezielten Beeinflussung der Arbeitgebermarke bzw. -attraktivität. Erreicht wird dies durch Personalmarketing-Aktivitäten. Liegt dabei der Fokus auf (besonderen) Talenten, wird dies meist als *Talent-Management* bezeichnet (Blickle 2019, S. 265–267) – dem Schwerpunkt dieses Essentials. Angemerkt sei, dass Begriffe wie Employer Brand(ing), Personalmarketing oder Talent-Management nicht einheitlich verwendet werden (Immerschitt und Stumpf 2019, S. 43–44; Stulle 2018, S. 1).

Dass generell (weiterer) Veränderungsbedarf bei Themenfeldern wie Arbeitge-berattraktivität, zeitgemäße Personalentwicklung und Recruiting inklusive selbst-kritischer(er) Reflexion der HR-Aktivitäten besteht, belegen zahlreiche Veröf-fentlichungen (exemplarisch Hays 2019, S. 8–9). Vermutlich verstärken die Auswirkungen der Krisen (Dieselbetrug, Corona) sogar die Notwendigkeit, in der Automobilbranche noch mehr vertrauensvoll und mitarbeiterorientiert zu agieren. Dabei sollten HR-Maßnahmen nicht zu sehr an (vermeintlichen) Generationen-unterschieden festgemacht werden (Ruthus 2014, passim). Der „Generationenmy-thos" wird seit mehreren Jahren diskutiert bzw. kritisiert (Schröder 2018, passim). Abhilfe kann eine individuelle Förderung im Rahmen einer lebensphasen- bzw. demografie- und kompetenzorientierten Personalentwicklung sein (Hasebrook et al. 2018, S. 4–7; Zinn et al. 2018, S. 19–21; Knackstedt et al. 2020, S. 2–3).

Es sprengt den Rahmen dieses Essentials, die vielfältigen Theorien bzw. For-schungen zu Bereichen wie Arbeitgeberattraktivität oder Arbeitszufriedenheit zu skizzieren. Zur Zusammenfassung und Überleitung dient das Wirkmodell in Abb. 3.1.

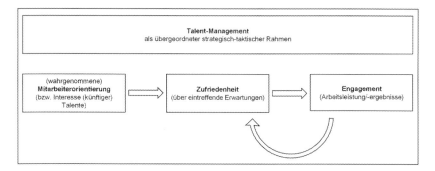

Abb. 3.1   Wirkmodell Talent-Management. (Quelle: eigene Darstellung)

4.1 Talent-Management: Definitionen der wichtigsten Begriffe

Unter dem Begriff Talent-Management lassen sich grundsätzlich alle Maßnahmen, welche zur Suche und Gewinnung, Entwicklung sowie die langfristige Bindung qualifizierter Mitarbeiter dienen, zusammenfassen (Starck und von der Linden 2008, S. 21–24). In modernen Unternehmen ist das TM häufig ein Bestandteil der PE oder besteht parallel zu ihr (Gilbert und Lazarus 2009, S. 31). Häufig wird dieses Themengebiet durch die HR Business Partner betreut, zu deren Aufgabe die Übersetzung der Geschäftsstrategie in die Ziele des TM gehört (Steinweg 2009, S. 20). Der Mitarbeiter, als wichtigster Akteur des TM, muss selbst für seinen anspruchsvollen Entwicklungsprozess, oftmals verbunden mit einem Wechsel der Position, motiviert sein, während das Unternehmen ihn bei der Erbringung seiner Höchstleistungen unterstützt und befähigt (Heyse und Ortmann 2008, S. 66).

Es gibt keine einheitliche Definition des Talentbegriffs, dieser kongruiert vielmehr mit dem jeweils verfolgten TM-Ansatz (Bethke-Langenegger, 2011, S. 4). Es lassen sich zwei verschiedene Talent-Management Ansätze unterscheiden:

Das *konventionelle TM* wird auch „enger" Ansatz genannt. Es fokussiert eine relativ kleine Mitarbeitergruppe innerhalb des Unternehmens, die häufig als High Potentials bezeichnet werden (Enaux und Henrich 2011, S. 13). Demnach beziehen sich die Maßnahmen des Talent-Managements auf überproportional wichtige und für den Unternehmenserfolg entscheidende Mitarbeiter, die es gezielt zu entwickeln, auf Schlüsselpositionen einzusetzen und an das Unternehmen zu binden gilt (Heyse und Ortmann 2008, S. 11; Enaux und Henrich 2011, S. 13; Rosenberger et al. 2014, S. 67).

© Springer Fachmedien Wiesbaden GmbH, ein Teil von Springer Nature 2021
A. Dotzauer et al., *Talent-Management am Beispiel der Automobilwirtschaft*,
essentials, https://doi.org/10.1007/978-3-658-32777-4_4

Zudem sind diese Talente häufig nicht nur begabter als andere und beherrschen bestimmte Tätigkeiten besonders gut, sondern sind auch sehr stark selbst motiviert (Wollsching-Strobel und Sternecker 2012, S. 198). Diese Mitarbeitergruppe wird oftmals in einem Talent-Pool zusammengefasst und beschleunigt entwickelt, um die unternehmensweiten Schlüsselpositionen zu besetzen (Steinweg 2009, S. 156). Sobald der Mitarbeiter eine nächsthöhere Position erreicht, verliert er den Talent-Status. Er sollte sein Potenzial für die darauffolgende Position erneut unter Beweis stellen und anhand der Leistungs-Potenzial-Matrix bewertet werden (Steinweg 2009, S. 4).

Der *integrierte TM*-Ansatz wird auch als „breiter" Ansatz bezeichnet. Demnach verfügen alle Menschen über verschiedene Talente und sind somit prinzipiell zur Entwicklung gewisser Stärken und Kompetenzen fähig (Steinweg 2009, S. 5; Heyse und Ortmann 2008, S. 10). Die Aufgabe des Talent-Managements ist die Identifizierung und Förderung dieser Begabung sowie der entsprechende Einsatz des Mitarbeiters (Enaux und Henrich 2011, S. 12). In diesem Sinne wird der Begriff Talent als Synonym von Begabung, die jeder Mensch besitzt, verwendet, die ein wertvolles und nutzbares Potenzial für das Unternehmen darstellt (Enaux und Henrich 2011, S. 12; Steinweg 2009, S. VIII).

Wird Talent-Management systematisch, also das Potenzial der Belegschaft für gegenwärtige und zukünftige Herausforderungen optimal und strategiekonform genutzt, kann von einem *Talent-Management-System* (TMS) gesprochen werden (Steinweg 2009, S. 1). Dieses basiert gemäß Steinweg (2009, S. 8) auf drei Säulen:

- der richtungsweisenden Strategie
- der Unternehmenskultur
- den HR-Praktiken, die der Umsetzung der Personalprozesse dienen.

Treibende Kraft ist die Führungskraft. Diese setzt Ziele, fordert Leistung, beurteilt den Mitarbeiter, ist Feedbackgeber, fördert, coacht, schätzt das Potenzial ihrer Mitarbeiter ein und ist für deren Entwicklung verantwortlich. (Steinweg 2009, S. 34) Die Basis für die Ausübung dieser Aufgaben ist das *Kompetenzmodell*.

Kompetenzen sind die Fähigkeiten zum selbstorganisierten Handeln einer Person. Die aus der Strategie abgeleiteten, erfolgsrelevanten Kompetenzen werden unternehmensspezifisch beschrieben und systematisch in einem Kompetenzmodell dargestellt. (Steinweg 2009, S. 60) Professionelle Kompetenzmodelle ordnen zudem den jeweiligen Kompetenzen unternehmensspezifische Entwicklungsempfehlungen zu (Steinweg 2009, S. 63). Das Kompetenzmodell eines weltweit aufgestellten (Automobil-)Unternehmens definiert die Anforderungen an seine

Fach- und Führungskräfte und verdeutlicht die Kriterien für Auswahl- und Entwicklungsprozesse (Armutat 2007, S. 75).

4.2 Notwendigkeit des Talent-Managements

„Die strategische Bedeutung des Faktors Mensch bzw. des Humankapitals für den Unternehmenserfolg steigt (…)" (Enaux und Henrich 2011, S. 10). Denn Mitarbeiter gehören zu den wichtigsten Ressourcen, die ein Unternehmen gegenüber seinen Wettbewerbern hat. Menschliche Leistung wird für den Unternehmenserfolg immer wichtiger, da Leistungssteigerungspotenziale in Deutschland weitestgehend durch optimierte Prozesse, neueste Technologien und innovative Organisationsformen ausgereizt sind (Gabrisch 2010, S. 5). Deshalb erhöht sich die Nachfrage an Mitarbeitern mit gesunder Leistungsbereitschaft in Kombination mit aktuell benötigten Fähigkeiten (Jetter 2000, S. 8).

Neben der demografischen Entwicklung ist das wirtschaftliche Umfeld durch zunehmende Dynamik und Komplexität, bedingt durch die steigende Internationalität, geprägt (Fuchs und Unger 2014, S. 2). Demzufolge sind Unternehmen gezwungen, sich immer schneller den Marktveränderungen anzupassen (Enaux und Henrich 2011, S. 10). Dies geschieht durch Verlagerungen von Anforderungen und Kompetenzen, Neuausrichtung und Restrukturierung sowie flachen Hierarchien, welche den Druck auf das Personal verstärken (Baumgärtner und Borgmann 2012, S. 84). Die strategische Bedeutung der Auswahl von „right potentials" sowie deren optimale Vorbereitung auf eine zukünftige Fach- und Führungsverantwortung (Thom und Giesen 1998, S. 3) nehmen im Zuge des Übergangs zu einer Wissensgesellschaft weiterhin zu (Heyse und Ortmann 2008, S. 19) und stärken den entscheidenden Wettbewerbsfaktor des Unternehmens, sprich die Arbeitnehmer, die den stetig verändernden Bedingungen auf den Märkten gewachsen sein müssen (Bösenberg und Küppers 2011, S. 24).

Unternehmen benötigen Pools, die vielseitig kreative, höchst qualifizierte und talentierte Spezialisten aufweisen (Wollsching-Strobel und Sternecker 2012, S. 90). Solche Pools sind ein wesentlicher Bestandteil des Talent-Managements, welches folglich eine der wichtigsten Unternehmsaufgaben ist (Gabrisch 2010, S. 5; siehe auch Enaux und Henrich 2011, S. 60; Heyse und Ortmann 2008, S. 15; Lackner 2014, S. 171). Neben der Identifikation der Talente, die vor der Aufnahme in diese Pools stattfindet, beinhaltet das Talent-Management darüber hinaus die Entwicklung und den Einsatz von Potenzialträgern (Sebald und Enneking 2006, S. 11).

Bedingt durch die strategische Relevanz dieses Themas verwundert es nicht, dass laut einer Umfrage der Firma Hays Unternehmen mit mehr als 5.000 Mitarbeitern Talent-Management auf dem zweiten Platz der HR-Top Themen sehen (Eilers et al. 2015, S. 7).

4.3   Ziele, Erfolgsfaktoren, Vor- und Nachteile des Talent-Managements

Talent-Management soll primär einen signifikanten Beitrag zum Unternehmenserfolg leisten. Hierfür muss das TM in enger Verbindung zur Unternehmensstrategie stehen. Weiter wird durch TM eine Leistungskultur etabliert, in der strategierelevante Anforderungen an die Talente abgeleitet werden können. So erhält das Unternehmen einen Überblick über vorhandene Kompetenzen, Potenziale und Talente, der für die interne Besetzung von Schlüsselpositionen unablässig ist (Enaux und Henrich 2011, S. 11). Darüber hinaus verstärken attraktive Entwicklungsmöglichkeiten eine Bindung der Talente und Leistungsträger an das Unternehmen (Enaux und Henrich 2011, S. 11 und 66). Voraussetzung ist allerdings Transparenz über jene Karrierechancen (Hossiep et al. 2008, S. 67 f.). Dadurch wird der Erfolg des TMs öffentlich gelobt und die Einzelleistung des Talentes hervorgehoben (Bödeker und Hübbe 2013, S. 239). Diese strategiegeleitete, zielgerichtete und zielgruppenspezifische Kompetenzentwicklung und -nutzung steigert gleichzeitig die Wahrnehmung der Arbeitgeberattraktivität des Unternehmens (Enaux und Henrich 2011, S. 11).

Durch das TM erfährt ein Talent einen deutlichen Imagegewinn und die Steigerung seines „Marktwertes". Somit steigt die Wahrscheinlichkeit, dass es hoch motiviert ist und dementsprechend seine Leistung erhöht, da die öffentlich kommunizierte, hohe Einschätzung seiner Performance bestätigt sein will (Gilbert und Lazarus 2009, S. 39 f.).

Allerdings muss das TM die Unternehmensstrategie und Erreichung gesamtwirtschaftlicher Ziele unterstützen, um als erfolgreich wahrgenommen zu werden (Rosenberger 2014, S. 66). Zudem sollte das Topmanagement eine Vorbildfunktion für die Führungskräfte der Linie einnehmen. Dadurch wird ihr gelebtes Commitment zum TM in der Organisation sicht- und erlebbar (Bödeker und Hübbe 2013, S. 239; Rosenberger et al. 2014, S. 81). Nachhaltiger Erfolg ist abhängig von der alltäglichen Umsetzung des TM durch die Führungskräfte. Sie werden dabei von den HR-Fachleuten unterstützt. Mögliche Gefahren sind neben Zeitmangel ein ungenügendes Pflichtgefühl der Vorgesetzten im Hinblick auf die

Ausübung des TM, obwohl es ein zentraler Bestandteil ihrer Aufgabe ist (Bödeker und Hübbe 2013, S. 83 und 238; Rosenberger et al. 2014, S. 76).

Zudem ermöglicht Talent-Management den Mitarbeitenden einen gezielten und systematischen Karriereaufbau und die Chance für berufliche Weiterbildung. Subjektive Bewertungen werden durch die Einbindung mehrerer Manager und Personalentwickler objektiver und die Verwendung von Potenzialkriterien transparenter. Weiter ermöglichen nachvollziehbare Kriterien zudem eine zielführendere Standortbestimmung (Steinweg 2009, S. 152).

Diesen positiven Auswirkungen des Talent-Managements stehen folgende Nachteile oder Gefahren gegenüber:

Wenn es in einer Organisation Talente gibt, impliziert dies gleichzeitig die Existenz von Nicht-Talenten. Sie können bei dem konventionellen TM Ansatz 90–97 % der Gesamtbelegschaft ausmachen (Gilbert und Lazarus 2009, S. 33). Wichtig ist daher zu wissen, ob die Unternehmenskultur einem „Elite-Gedanken" aufgeschlossen gegenübersteht (Enaux und Henrich 2011, S. 61). Dies birgt zwei Gefahren: Zum einen die Frustration der Ausgeschlossenen und zum anderen die Erwartungshaltung seitens der Talente (Enaux und Henrich 2011, S. 15).

In einem bewusst gelenkten TM gilt es, die Nachteile einer „Klassengesellschaft" und die Entwicklung von Seilschaften sowie Arroganz zu minimieren (Bethke-Langenegger 2011, S. 9; Scholz 1999, S. 36). Daher sollte von Anfang an allen die gleiche Aufmerksamkeit geschenkt und grundsätzlich die gesamte Belegschaft integriert und gefördert werden (Bittlingmaier 2013, S. 335; Bethke-Langenegger 2011, S. 47). Deshalb ist es wichtig, TM in eine zielgerichtete und professionelle HR-Gesamtstrategie einzubinden, statt es isoliert zu behandeln (Enaux und Henrich 2011, S. 15).

Unerfüllte Erwartungen können bei Talenten Demotivation und Enttäuschung bewirken (Enaux und Henrich 2011, S. 15). Oftmals steht den Talenten nach Abschluss eines Entwicklungsprogramms noch keine adäquate Position zur Verfügung (Gilbert und Lazarus 2009, S. 33). Deshalb muss durch einen transparenten Prozess, nachvollziehbare Besetzungsentscheidungen und einem nicht zu großen Talent-Pool Sorge getragen werden, dass Enttäuschungen in Ermangelung aktuell freier geeigneter Positionen möglichst vermieden werden (Enaux und Henrich 2011, S. 16, 62 und 104 f.).

Darüber hinaus können der Talentstatus und die ständige Beobachtung Druck auf den Potenzialträger ausüben (Steinweg 2009, S. 5). Deshalb sollten zunächst ihr Interesse und ihre Bereitschaft geprüft und ggf. aktiviert werden (Boden 2013, S. 160).

Ferner sollten die Ängste der Führungskräfte bezüglich des Verlustes ihrer guten Mitarbeiter oder dem Heranziehen der eigenen Konkurrenz nicht unterschätzt werden (Gilbert und Lazarus 2009, S. 33).

Andererseits könnten Vorgesetzte das TM benutzen, um unbeliebte Mitarbeiter wegzuloben, was wiederum das Vertrauen der Führungsmannschaft in das TM-System zerstört und dem Ansehen des Talent-Managements innerhalb der Organisation schadet (Enaux und Henrich 2011, S. 61).

4.4   Kernprozesse des Talent-Managements

Startpunkt des TMs ist die *Mitarbeiterbeurteilung,* die für moderne Personalführung unerlässlich ist (Steinweg 2008, S. 8). Häufig in den Prozess des Performance-Managements eingebettet, erfolgt die Mitarbeiterbeurteilung innerhalb des Mitarbeitergespräches und bewertet den momentanen Ist-Zustand (Steinweg 2009, S. 127; Enaux und Henrich 2011, S. 28). Neben der Beurteilung der bisherigen Leistung werden oftmals neue Ziele für die nächste Periode gesetzt (Steinweg 2009, S. 34). Bisweilen wird eine Potenzialbeurteilung in die Personalbeurteilung integriert (Weibler 2001, S. 352), in der eingeschätzt wird, ob der Mitarbeiter für eine nächsthöhere Karrierestufe das entsprechend notwendige Potenzial mitbringt (Steinweg 2009, S. 127). Somit dient die Potenzialbeurteilung in diesem Zusammenhang der individuellen Entwicklungsplanung und wird regelmäßig für alle Mitarbeiter durchgeführt (Olfert 2012, S. 299). Dementsprechend ist die Mitarbeiterbeurteilung die Basis für die Talentidentifikation und gibt dem Unternehmen einen ersten Überblick über die vorhandenen Potenzialträger innerhalb der Organisation (Steinweg 2009, S. 195). Allerdings erfolgt in diesem HR-Prozess die Potenzialbeurteilung lediglich durch die Führungskraft und beruht auf beobachtbarem Verhalten bzw. Leistung in der aktuellen Position (Steinweg, 2009, S. 139).

Zur *Talentidentifikation* werden Talent-Besprechungs-Meetings, sogenannte People Reviews, durchgeführt. Dabei bespricht der Vorgesetzte zusammen mit seinen Kollegen auf gleicher Hierarchiestufe und seinem nächsthöheren Vorgesetzten die Ergebnisse der Beurteilung des Mitarbeiters. Gemeinsam wird entschieden, ob dieser mögliche Potenzialträger für den Talent-Pool nominiert werden soll (Steinweg 2009, S. 144 f.; Enaux und Henrich 2011, S. 105 und 167; Heyse und Ortmann 2008, S. 61). Für die erfolgreiche Durchführung sind saubere Definitionen und einheitliche Kriterien für die Potenzialbeurteilung (bspw. Bereitschaft für einen Auslandsaufenthalt) sowie eine Qualifizierung der Führungskräfte zu diesem Thema wichtig (Enaux und Henrich 2011, S. 166). Diese unternehmensinternen und spezifisch definierten Kriterien dienen der Nachfolgeplanung und der Talententwicklung (Ritz und Thom 2011, S. 248). Je nach Anzahl der Vakanzen und Festlegung des Unternehmens ist die Verweildauer im Talent-Pool auf ein bis sechs Jahre beschränkt (Steinweg 2009, S. 158). Allerdings erfolgt die Einschätzung auf der Leistungs-Potenzial-Matrix bei jedem People Review und ist folglich temporär und veränderbar (Steinweg 2009, S. 152). Demnach müssen der Status High Potential oder Talent permanent überprüft werden und trennscharfe Kriterien zu deren Identifizierung vorliegen (Scholz 1999, S. 35 ff.). Dies ermöglicht eine gut gepflegte Potenzialdatenbank, die Übersicht über die vorhandenen Talente und die Kontrolle einer systematischen Entwicklung und Nachfolgeplanung ermöglicht (Armutat 2007, S. 76). Nach der Talentidentifikation werden die Kandidaten als Talente verifiziert (Steinweg 2009, S. 157). Hierfür wird mit dem Mitarbeiter ein Feedbackgespräch geführt, in dem ihm die Ergebnisse, die Potenzialbeurteilung sowie die nächsten Schritte mitgeteilt werden (Steinweg 2009, S. 130). Für die Talentverifizierung werden häufig Förderassessments, die in der Literatur u. a. als Assessment bzw. Development Center bezeichnet werden, eingesetzt (Olfert 2012, S. 457). Ihre spezifischen Instrumente dienen dazu, das Entwicklungspotenzial für eine nächsthöhere Position und den daraus resultierenden Entwicklungsbedarf des Mitarbeiters zu analysieren (Olfert 2012, S. 299). Um ein hohes Maß an Objektivität zu erreichen, werden unabhängige Beobachter eingesetzt, die zu einer validen Potenzialaussage beitragen (Enaux und Henrich 2011, S. 104; Jetter 2000, S. 249).

Meist finden noch während des People Reviews die lokalen *Nachfolgeplanungen* statt. Dabei werden die Potenziale der einzelnen Kandidaten mit den vakanten Schlüsselpositionen abgeglichen, daraus resultierende Nachfolgeentscheidungen diskutiert und entschieden. (Steinweg 2009, S. 160; Enaux und Henrich 2011, S. 167; Boden 2013, S. 159) Schlüsselpositionen sind Stellen, deren Vakanz oder Fehlbesetzung zu einem hohen unternehmerischen Risiko führen (Enaux und Henrich 2011, S. 163). Somit ist eine bedarfsgerechte Nachfolgeplanung ein signifikanter Teil des Talent-Managements (Rosenberger et al. 2014, S. 69).

Falls Potenzialträger noch nicht auf der neuen Stelle einsetzbar sind, müssen sie entsprechend gefördert und entwickelt werden (Rosenberger et al. 2014, S. 80). Die *Mitarbeiterentwicklung* ist somit ein weiterer Prozessschritt im Talent-Management. Bei der Qualifizierung bzw. Kompetenzförderung sollten neben Unternehmensinteressen auch die Wünsche des Mitarbeiters berücksichtigt werden (Steinweg 2009, S. 132). Die Potenzialträger nehmen im Gegensatz zum Rest der Belegschaft an besonderen Entwicklungsprogrammen teil (Steinweg 2009,

S. 178). Dazu zählen auch Module, in denen die Vermittlung der Unternehmenswerte und Leitlinien im Vordergrund stehen (Enaux und Henrich 2011, S. 129). Die angebotenen Entwicklungsmaßnahmen sollen einen Beitrag zur Mitarbeiterbindung leisten (Steinweg 2009, S. 174). „Normale" Leistungsträger sollten jedoch nicht vergessen werden, sondern die gesamte Belegschaft geschult und ihre Leistung gesteigert werden (Giesen 1998, S. 92). Dies wirkt sich positiv auf deren Loyalität gegenüber dem Unternehmen aus (Lackner 2014, S. 58).

Erhält ein Unternehmen langfristig seine selbst entwickelten Talente, impliziert dies einen Imagegewinn, spart Kosten und stärkt das interne Wertesystem des Unternehmens (Heyse und Ortmann 2008, S. 67). Zudem binden karrieretechnische Anreize Talente an das Unternehmen (Enaux und Henrich 2011, S. 141). Dabei müssen das *Bindungsmanagement* bzw. seine Elemente hinsichtlich ihrer Wirkung analysiert und entsprechende Anreizsysteme geschaffen werden, um Talente im Unternehmen zu halten (Enaux und Henrich 2011, S. 43; Bethke-Langenegger 2011, S. 41). Auch das TM selbst trägt durch seine Exklusivität und Begehrtheit zur Talentbindung bei (Bittlingmaier 2013, S. 335). Wird TM offen kommuniziert, ist dies ein klares Bekenntnis zum Leistungsprinzip und entgegengebrachte Wertschätzung gegenüber den Mitarbeitern (Enaux und Henrich 2011, S. 43). Allerdings ergeben sich durch flache Hierarchien und eine längere Lebensarbeitszeit der Mitarbeiter auch sogenannte „Beförderungsstaus", die mittels anderen, gleichwertigen Karrierewegen wie der Fach- oder Projektlaufbahn kompensiert werden sollten (Steinweg 2009, S. 142; Gabrisch 2010, S. 209; Heyse und Ortmann 2008, S. 73; North et al. 2013, S. 118). Zur Kommunikation der Karrierepfade werden typische Situationen beschrieben, die Potenzialträger auf ihrem Karriereweg in die höheren Positionen durchlaufen. Neben der klassischen Führungslaufbahn, die Karriereschritte von einer Hierarchieebene zur nächsthöheren fokussiert, werden Projekt- und Fachkarrieren immer beliebter. Die Projektkarriere steigert sich kontinuierlich hin zu bedeutsamen, größeren Projekten. Hierbei reduziert sich Führung allein auf das Projekt, die disziplinarische Verantwortung für den Projektmitarbeiter liegt bei dessen direktem Vorgesetzten. In einer Fachkarriere werden Spezialisten bis hin zur Verantwortung komplexer Aufgaben innerhalb ihrer Funktion entwickelt (Steinweg 2009, S. 190). Die Entwicklung wird von der Hierarchieebene abgekoppelt, dennoch kann sich ein Mitarbeiter beweisen (Braig und Wille 2012, S. 136).

Zuletzt sei die *Rekrutierung* kurz erwähnt. Entsprechend auch extern kommuniziert, hat Talent-Management einen bedeutenden Marketing- bzw. Attraktivitätseffekt auf dem Arbeitsmarkt (Jetter 2000, S. 274). Zudem kann bei

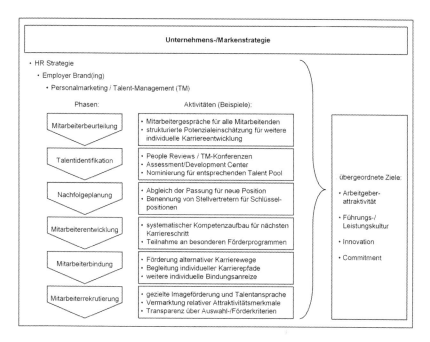

Abb. 4.1   Talent-Management: Verankerung und Prozess. (Quelle: eigene Darstellung)

Bewerbungsgesprächen bereits peripher auf definierte bzw. erwünschte Potenzialkriterien, wie z. B. Mobilität und Sprachkenntnisse, eingegangen werden (Steinweg 2009, S. 192).

Zusammenfassend visualisiert Abb. 4.1 überblicksartig den Rahmen und die Kernprozesse von Talent-Management sowie beispielhafte Maßnahmen.

Talent-Management in der Praxis: Interviews mit ausgewählten Expertinnen und Experten

5

5.1 Ziel, Methodik und Vorgehen der Untersuchung

Das wissenschaftlich fundierte und zeitlich aufwendige Forschungsvorgehen kann hier lediglich skizziert werden. Die Quellenangaben ermöglichen bei Interesse den Einstieg in eine intensivere Auseinandersetzung mit der jeweiligen Forschungsthematik.

Ziel des empirischen Teils ist, zu untersuchen, welche Handlungsempfehlungen aus Interviews mit ausgewählten Experten für das Talent-Management in der automobilen Wertschöpfungskette gewonnen werden können. Dem Vorgehen liegt das qualitative Forschungsparadigma (einführend Flick et al. 2017, S. 13–29) zugrunde. Das bedeutet insbesondere, dass die Autoren nicht – wie beim quantitativ geprägten Vorgehen üblich – durch standardisierte Verfahren eine große Anzahl von Daten gewinnen wollten, um diese mittels statistischer Methoden zu analysieren.

Vielmehr sollten im strukturierten Dialog mit einzelnen Experten implizites Wissen genutzt und relevante Gestaltungs- bzw. Erfolgsfaktoren für das betriebliche Talent-Management abgeleitet werden. Dieses Vorgehen korrespondiert in besonderer Weise mit dem Gedanken einer evidenzbasierten Personalarbeit (Weckmüller 2013, S. 23–96): Aus der Praxis werden theoretisch und wissenschaftlich fundierte Erkenntnisse für die Praxis gewonnen, aus denen sich unternehmensspezifische Optimierungsmöglichkeiten ableiten lassen.

Auch die qualitative Forschung erfolgt systematisch und ist hinsichtlich seiner Güte überprüfbar. Auf Basis einer Leit- bzw. Forschungsfrage (vgl. o. g. Untersuchungsziel) wird – geprägt von den Überlegungen aus dem Grundlagenteil bzw.

© Springer Fachmedien Wiesbaden GmbH, ein Teil von Springer Nature 2021
A. Dotzauer et al., *Talent-Management am Beispiel der Automobilwirtschaft*,
essentials, https://doi.org/10.1007/978-3-658-32777-4_5

dem entsprechenden Vorverständnis der Autoren – die geeignete Forschungsme-
thodik abgeleitet und angewendet. Die gewonnenen Erkenntnisse unterstützen die
Reflexion der Gestaltung des Talent-Managements in der betrieblichen Praxis.
Das Vorgehen der Autoren erfolgt unter Wahrung der besonderen Gütekriterien qualitativer Forschung (Döring und Bortz 2016, S. 106–114). Stark verdichtet
sind dies insbesondere eine begründete Methodenwahl sowie die transparente
Beschreibung des Vorgehens inklusive Qualitätsaspekte. Ergänzt wird dies durch
die Wahrung methodenspezifischer qualitätssichernder Aspekte im Rahmen der
Vorbereitung, Durchführung und Auswertung der Experteninterviews.

Beim gewählten Untersuchungsdesign handelt es sich um eine anwendungsori-
entierte Primäranalyse mit explorativem Charakter. Dabei wurden anhand eines
Leitfadens mit teilstandardisierten offenen Fragen in Interviews mit betrieblichen Experten Erkenntnisse gesammelt, digital aufgezeichnet und anschließend
ausgewertet. Die so gewonnenen Antwortkategorien spiegeln das Wissen bzw.
die Erfahrungen der interviewten Experten in neuer inhaltlich-logischer Struktur
wider. Daraus ausgewählte Antworten dienen im Rahmen der Ergebnispräsenta-
tion dazu, Gestaltungsimpulse zu untermauern.

5.2   Reflexion ausgewählter methodischer Aspekte

Im vorherigen Abschnitt steht der Forschungsprozess im Fokus. Im Folgenden
wird kurz auf, als besonders relevant erachtete, methodische Aspekte eingegangen.

Expertenbegriff „Experte" ist kein einheitlich definierter Status, sondern hängt
vom jeweiligen Forschungsinteresse ab (Bogner et al. 2014, S. 11, S. 35). Die
besondere berufliche Expertise ausgewählter Personen macht sie zur relevanten
Zielgruppe für sog. Experten- bzw. Leitfadeninterviews (Helfferich 2019, S. 670–
671). Für die Fragestellungen dieses Essentials wurden 9 Expertinnen und Experten
befragt.

Stichprobenumfang Auf den ersten Blick kann die Anzahl der befragten 9 Experten
als (zu) klein erscheinen – insbesondere, wenn man dies mit den deutlich größeren
Stichproben im Rahmen quantitativer Forschung vergleicht. Im Einklang mit dem
qualitativen Forschungsparadigma werden jedoch keine repräsentativen bzw. statis-
tisch signifikanten Ergebnisse angestrebt. Vielmehr wird nach definierten Kriterien
eine ausreichende Anzahl geeigneter Experten befragt (Kaiser 2014, S. 71–72). Entscheidend ist nicht die Größe der Stichprobe respektive Anzahl befragter Experten

per se, sondern vielmehr der (erwartete) Beitrag zum Erkenntnisgewinn, der (auch) aus dem besonderen Auswertungsverfahren resultiert. Bei der gezielten Gewinnung von Experten bzw. Interviewpartnern ist zudem das sog. „Schneeballverfahren" üblich. Dabei wird das (eigene) Expertennetzwerk inklusive Weiterempfehlungen genutzt (Schreier 2020, S. 28–29). Bedauerlich fanden die Autoren, dass trotz gegenseitiger Bekanntheit Interviewanfragen zum Teil auf keine oder allenfalls begrenzte Resonanz stießen. Gründe können die sicherlich hohe Arbeitsbelastung und Kooperationsanfragen von anderer Seite sein. Aus einer evidenzbasierten Perspektive blieb dadurch eine Chance zur gegenseitigen Unterstützung bzw. weiteren Professionalisierung ungenutzt. Umso mehr danken die Autoren sämtlichen Personen, die am Entstehen dieses Werkes mitgewirkt haben.

Leitfaden-/Interviewgestaltung Bei Erarbeitung und Einsatz des Leitfadens wurden die üblichen Gestaltungskriterien beachtet (im Überblick Helfferich 2019, S. 669–684). Der Leitfaden stellte durch seine inhaltliche Struktur eine grundsätzliche Vergleichbarkeit der Antworten sicher (ebda., S. 676). Gleichzeitig ermöglichte er die situative Handhabung der dialogisch geprägten Interviewsituation. Ein Pretest zur Qualitätssicherung erfolgte im Autorenteam. Die 9 Interviews wurden im Zeitraum Juli bis November 2019 durchgeführt. Dies erfolgte überwiegend persönlich, aber auch telefonisch. Trotz persönlich-räumlicher Distanz und des Entfalls der Wahrnehmung nonverbaler Signale können sorgfältig vorbereitete Telefoninterviews ebenfalls ein zielführendes Forschungsinstrument sein (Christmann 2009, S. 218; Engel und Behr 2006, S. 78–79). Bei der Interviewdurchführung wurden übliche forschungsethische bzw. datenschutzrechtlicher Standards gewahrt. Beispiele sind der Einsatz einer Einwilligungserklärung und die Anonymisierung personen- bzw. unternehmensbezogener Daten.

Datengewinnung Die mit Zustimmung der Befragten digital aufgezeichneten Interviews wurden nach vereinfachten Regeln transkribiert (Dresing und Pehl 2020, S. 841–842; Przyborski und Wohlrab-Sahr 2014, S. 165–166). Die Kodierung relevanter Passagen und ihre Auswertung erfolgte in Anlehnung an Mayring (2020, S. 9–12; Mayring und Fenzl 2019, S. 635–637). Das Vorgehen war primär explorativ und deduktiv (basierend auf dem Vorverständnis der Autoren) geprägt. Ergänzend wurden induktiv Erkenntnisse aus dem Interview-/Datenmaterial generiert.

Repräsentativität Bei den in der zweiten Jahreshälfte 2019 durchgeführten Experteninterviews handelt es sich um eine „Momentaufnahme". Wie erwähnt legt das qualitative Forschungsparadigma keinen Fokus auf (statistische) Repräsentativität (auch im Folgenden Lamnek und Krell 2016, S. 180). Dennoch ist es u. a.

aufgrund der theoriegeleiteten, zielorientierten, strukturierten und dokumentierten Vorgehensweise möglich, Ähnlichkeiten bzw. Muster aus dem Datenmaterial und darauf basierende Empfehlungen abzuleiten.

Gütekriterien Die Interviewdurchführung im Rahmen qualitativer Forschung folgt (eigenen) Gütekriterien, um die Aussagekraft zu erhöhen (Helfferich 2019, S. 683–684). Ein zentraler Aspekt ist die begründete und transparente Darlegung des Vorgehens (Bogner et al. 2014, S. 92–95).

Als *Fazit* wird festgehalten: Die Autoren nutzten ein bewährtes qualitatives Forschungsdesign mit explorativem Charakter. Es erhebt nicht den Anspruch auf statistische Repräsentativität. Dennoch sind – über anerkannte Einzelfallanalysen hinaus – wissenschaftlich fundierte Aussagen sowie praxisrelevante Empfehlungen möglich.

5.3   Zentrale Aussagen aus den Experteninterviews

In diesem Kapitel werden zentrale Aussagen der befragten Experten – zum Teil in ihren eigenen Worten (kursiv markiert) – dargestellt. Eine Zusammenfassung der Erkenntnisse erfolgt in Kap. 6, die Reflexion und Ableitung von Empfehlungen in Kap. 7.

Die Experten setzen sich aus Vertretern des HR-Bereichs sowie Young Professionals aus diversen Unternehmensbereichen zusammen.

Die HR-Vertreter im Überblick:

- Talent Partner eines Zuliefererkonzerns (HR1)
- Vorstand HR Management aus einer großen Autohausgruppe (HR2)
- Personalleiter aus einer großen Autohausgruppe (HR3)
- geschäftsführender Gesellschafter HR Management einer mittelgroßen Autohausgruppe (HR4).

Die Young Professionals im Überblick:

- Risk Manager im Bereich Lieferanten in einem großen Autokonzern (YP1)
- Masterandin, ebenfalls in einem weiteren großen Autokonzern (YP2)
- MBA Absolvent, seit 4 Jahren im Controlling tätig (YP3)

- Leiter Facility Management seit einem Jahr, beschäftigt bei einer großen Autohausgruppe (YP4)
- kaufmännischer Auszubildender mit Führungsperspektive in einer mittelgroßen Autohausgruppe (YP5).

Das Verständnis von TM

Zwei der Befragten (HR2 und YP2) verstehen unter dem Begriff Talent-Management insbesondere das konventionelle Talent-Management, wonach Mitarbeiter, die vielleicht später ins Führungsmanagement kommen können, gefördert werden (YP2).

Diese Talente, die sich besonders hervorgetan haben, müssen zuerst identifiziert werden, beispielsweise indem sie von den Betrieben ernannt werden (HR2).

Vier weitere Interviewte (HR1, HR3, HR4 und YP3) beschrieben in ihrer eigenen Definition des Talent-Managements das integrierte Talent-Management, bei dem jeder Mitarbeiter gefördert wird.

Neben dem *Führungskräftenachwuchs* wird bei diesem Ansatz die *Fachkräfteentwicklung* (HR3) zum Talent-Management gezählt.

Hierbei geht es um das Feststellen, *welche Kompetenzen man in der Zukunft benötigt, wie die Organisation momentan aufgestellt ist und wie die Organisation ihre Mitarbeiter dorthin entwickelt – also die Mitarbeiterentwicklung hin zu einem gemeinsamen Ziel (HR1).*

Dabei muss sich das Unternehmen fragen: *Was können wir tun, um die Richtigen zu gewinnen, wo müssen wir suchen, wie müssen wir suchen,* und über *welche Kanäle müssen wir suchen (HR4)?* Bei den Mitarbeitern, die bereits im Unternehmen sind, kommt *klassischerweise die Frage auf, wo* jemand *steht, wo* sieht er *sich in fünf Jahren, wo sieht das Unternehmen ihn oder sie in fünf Jahren (YP3).*

HR3 zählt darüber hinaus die *Ausbildung* dazu, welche in seinen Augen *immer noch das beste Instrument* ist, *um dem Fachkräftemangel entgegen zu wirken.* Auch YP2 sieht diese als Teil des Talent-Managements.

Besonders interessant ist an dieser Stelle die Ergänzung von HR2, dass Talente *egal welcher Altersstruktur* wahrgenommen werden.

TM Ziele

Talent-Management unterstützt dabei, *ausscheidende Führungskräfte in Zukunft – möglichst aus den eigenen Reihen (HR3) – nachbesetzen zu können (YP1).*

Des Weiteren werden hierdurch *flachere Hierarchien möglich,* die Mitarbeiter verfügen über *bessere fachliche Qualifikationen* und sind *spartenübergreifend einsetzbar (HR4).* Jene sind *das größte Kapital eines Unternehmens, welches man auch in gewisser Weise hegen und pflegen muss (HR1)* und *unbedingt im Unternehmen*

halten will (YP1). Sie sind *wissbegierig, veränderungsbereit und karriereorientiert (HR1).* *Basis dieser Informationen* ist häufig das *Mitarbeitergespräch (HR3).*
Darüber hinaus sind die Unternehmen *auch von außen getrieben und müssen sich verändern, beispielsweise in der Arbeitsweise (Stichwort New Work) oder durch Anpassung an die Auswirkungen von Megatrends (HR1).*

Konzeptionelles Vorgehen im TM
Zu dieser Frage äußerten sich viele der befragten Experten nicht direkt, sondern begannen mit einer Aufzählung ihrer eingesetzten Talent-Management-Instrumente, auf die an späterer Stelle in diesem Kapitel eingegangen wird.
Der Konzern von HR1 geht das Talent-Management *strukturell in dem Sinne an, dass es verschiedene Instrumente gibt, die praktisch genutzt werden.* So gibt es im Unternehmen von HR3 bspw. den klassischen Ablauf: *Mitarbeitergespräche – Gruppenleiterentscheid – Potenzialanalyse – Entsendegespräch.*
Ein anderes Unternehmen hat im Rahmen des Talent-Managements spezielle Positionen, die *Assistenten des Vorstands,* geschaffen (HR2).

TM-Schnittstellen
Als wichtigste Schnittstelle nannten die Interviewpartner *die eigene Führungskraft als unmittelbaren, verantwortlichen Talentidentifizierer (YP2),* da sie *indirekt jeden Tag* mit den Mitarbeitern *zusammenarbeitet,* sie weiterentwickelt (HR1) und bestimmt, *wer zur Teilnahme nominiert wird (YP2).*
Darüber hinaus kann man sich in kleineren Unternehmen *direkt an die Personalabteilung wenden (YP2)* oder in größeren Konzernen an die *Personaler vor Ort,* die den entsprechenden *Draht zum Business haben* und gut *mit den Führungskräften vernetzt sind (HR1).*
Weitere Schnittstellen innerhalb eines Konzerns sind zudem die Verantwortlichen der *strategischen Personalplanung* – die *HR Business Partner (HR1)* und höhere Ebenen. Dazu zählen beispielsweise die *HR-Leitung in Deutschland oder ebenso die globale HR-Ebene* bis hin zum V*orstand, um da die entsprechenden Themen platzieren zu können (HR1).*
Darüber hinaus gibt es in einigen Firmen ein eigenes *Ausbildungszentrum, dem Änderungsbedarfe zurückgespiegelt werden (HR1).* Ein eigenes *Talent Relationship Management,* das *Kontakte zu Stipendiaten, Praktikanten* und *Werkstudenten* sowie Bacheloranden und Masteranden hält (HR1), gibt es ebenfalls in diesem Konzern.
Dieser Konzern setzt zudem *Senior Expert Manager* ein, die zuständig für Rentner sind, die *jedoch weiterhin auf Experten-Basis* beschäftigt sind und bspw. bei einer Übergabe *sehr viel Wissen im Bezug zu Kunden oder im Projektmanagement weitergeben können (HR1).*

Einfluss der Unternehmens- und Führungskultur auf TM

Hierbei treten die Familienunternehmen im Rahmen der Experteninterviews positiv hervor, da sie sich durch *kurze Wege, offene Türen (HR2)* und einen *Vorstand* mit *offenen Ohren* auszeichnen (YP4). Dadurch fühlt sich die Belegschaft *respektvoll behandelt*, kann die aufkommenden Fragen *immer stellen* und *wird im Unternehmen nie allein gelassen (YP5)*.

Dieses Gefühl entsteht zudem häufig, da die Mitarbeiter *im Prinzip in alles von Anfang an eingeweiht sind (HR2)*. Young Professional4 beschreibt dies folgendermaßen: „... *dass man über anstehende Unternehmenspläne der kommenden Jahre spricht, in Hinblick auf Unternehmensbereiche oder ganz allgemein über die Entwicklung der eigenen Branche, sodass die Mitarbeiter im Wandel mitgenommen werden und sich nicht überfahren fühlen"* (YP4). In einem Unternehmen wurde die *Strategie durch die Geschäftsleitung jedem Mitarbeiter vorgestellt (HR3)*.

Ein inhabergeführtes Unternehmen setzt zudem auf ein spezielles Unternehmens-*Branding*, mit dem ein *spartenübergreifendes Netzwerken* sowie ein *Verständnis miteinander* einhergehen und es somit *definitiv eine spezifische Unternehmenskultur gibt (HR3)*. Auch für Young Professional3 ist es das *Zwischenmenschliche, was das Zusammenarbeiten für* ihn *positiv begleitet*.

Darüber hinaus werden in diesem Unternehmen den Mitarbeitern *Freiheiten gegeben* und *die Arbeit* an sich macht den Mitarbeiter zufrieden, was für den Young Professional *das größte Mitarbeiterbindungspotenzial* darstellt: *Es passt zu dem, was ich mache, wie ich es machen darf (YP3)*.

Gerade ein Konzern ist auf *die Unterstützung der Führungskraft hinsichtlich der Talentidentifizierung und -entwicklung innerhalb der gesamten Organisation angewiesen. Es geht darum, den Unternehmensweg zu unterstützen und weiterzutragen.*

Aufgrund der Unternehmensgröße erfolgt der Informationsfluss des Talent-Managements wie durch *ein Sieb: Die Informationen müssen natürlich zu* dem HR-Bereich *durchdringen und wenig Talent-Management-affine Führungskräfte geben entsprechend sehr wenig Rückmeldung an die lokalen Personaler (HR1)*.

TM-Information und -Kommunikation

In dieser Rubrik ist auffallend, dass es in keinem Unternehmen eine direkte Kommunikation Richtung Mitarbeiter gibt.

Ein Zuliefererkonzern hat im *HR-Portal eine Rubrik in Richtung Talent-Management*, in der *jegliche Instrumente, die ein Mitarbeiter in Anspruch nehmen kann*, aufgelistet sind. Hier kann *sich ein Mitarbeiter Informationen beschaffen*. Führungskräfte wenden *sich als allererstes an einen lokalen Personaler (HR1)*.

Bedingt durch Talent-Management-Konferenzen, sogenannte *People Review Sessions,* gehen die HR-Fachleute *teilweise auf die Mitarbeiter* zu, um *mit* ihnen *die Maßnahmen* zu *planen.*

Allerdings weiß das Talent nicht, in welchem Pool es sich befindet, sondern *spürt lediglich die Auswirkungen,* wobei die HR-Mitarbeitenden *natürlich versuchen, über den Hintergrund aufzuklären (HR1).*

In einem Automobilkonzern besteht die Möglichkeit, dass sich ein Mitarbeiter an *seinen Chef* oder *direkt an die Personalabteilung* wendet *(YP2).*

TM-Zielgruppen

Ein Zulieferkonzern hat *funktionale Pools nach Bereichen* aufgebaut. Hier werden Talente nach einem *Karriereimpulsgespräch* eingeordnet, in dem geklärt wurde, *in welche Richtung und unter welchen Rahmenbedingungen sie sich verändern möchten.*

Des Weiteren gibt es den sogenannten *Talent Launch Pool,* in dem sich die *Potenzialträger* befinden. Diese haben *eine gute oder eine herausragende Leistung erbracht* und haben das *Potenzial, sich weiterzuentwickeln* sowie *weiterführende Aufgaben zu übernehmen.*

Bei den *„flexiblen Potentials" kommt noch das Kriterium der Mobilität hinzu (HR1).*

In einem befragten Automobilkonzern findet man die klassische Zielgruppe der *Young Professionals, die Berufserfahrung zwischen drei und fünf Jahren haben, denen man zutraut, Personalführung oder auch verschiedene Themengebiete dementsprechend zu verantworten.* Erwähnenswert ist hier, dass der *Schwerpunkt auf das weibliche Geschlecht gelegt wird (YP1).*

Ein Autohaus setzt seinen Schwerpunkt auf den Vertrieb, in dem ein *Automobilkaufmann ausgebildet* wird, der sich *über den Junior Verkäufer hin zum Senior Verkäufer* hocharbeitet. Aus diesem Grund wird hier die Möglichkeit geboten, nach der Ausbildung *noch ein Bachelor-Studium anzuschließen (YP3).*

Vorgehen im Rahmen der TM-Aktivitäten

Bedauerlicherweise äußerte sich hier explizit lediglich ein Interviewteilnehmer. Basis ist in diesem Konzern das Mitarbeitergespräch. Anschließend geht der Personaler auf das Talent zu und *versucht, den Hintergrund zu erklären, dass es eine Chance ist, die der Mitarbeiter wahrnehmen kann,* und *ihm gegenüber Wertschätzung auszudrücken,* getreu dem Motto: *„Gerade, weil eine sehr gute Leistung im letzten Jahr oder in den letzten Jahren gezeigt wurde und das Unternehmen das entsprechende Potenzial in dieser Person sieht, möchte die Firma diese Weiterentwicklungsmöglichkeit anbieten" (HR1).*

Interessant ist an dieser Stelle, dass sich manches Talent fragt, „*ob der Chef mich loswerden möchte?*" *(HR1)*.

Eingesetzte TM-Instrumente

Mitarbeiterbeurteilung Die Mitarbeiterbeurteilung findet im Rahmen des *halbjähr-lichen Mitarbeitergespräches* statt, *wo gemeinsam rückblickend die Performance beurteilt, neue Ziele festgelegt werden und die individuelle Entwicklung themati-siert wird: In welche Richtung möchte das Unternehmen den Mitarbeiter entwickeln, wo möchte er sich persönlich hin entwickeln und wo gibt es eine Lücke, die sich mit entsprechenden on-the-job und off-the-job Entwicklungsmaßnahmen schließen lässt? (HR1)*.

Talentidentifikation Bei der Talentidentifikation gibt es verschiedene Ansatzpunkte. Manche Unternehmen haben Talent-Programme, bei denen *Vorgesetzte Mitarbeiter vorschlagen und dementsprechend können sich in diesem Rahmen die Mitarbeiter weiter- und fortbilden (YP1)*.

Auf der anderen Seite können zudem die Mitarbeiter aktiv werden, da dieser Konzern ein *Online-Portal* betreibt, in dem die Mitarbeiter den *eigenen Lebenslauf mit entsprechenden Stationen* hinterlegen und sich somit auch ein Stück weit dem Vorgesetzten präsentieren können (YP1).

Ein Konzern betreibt die im Theorieteil beschriebenen Talent-Management-Meetings Abschn. 4.4, wo *je Unternehmensbereich* die *Potenzialträger* identifiziert werden. Dieses Vorgehen gliedert sich bis zum Vorstand hoch (HR1).

Darüber hinaus werden den Mitarbeitern aus diesem Konzern *Karriereimpuls-gespräche* angeboten, die durch HR-Vertreter durchgeführt werden (HR1).

Ferner nannten zwei der Personaler sowie ein Young Professional Assessment Center (HR1, HR2, YP1) als weiteres Instrument der Talentidentifikation. Hier-bei wird ermittelt, ob das Talent eine Fach- oder Führungslaufbahn einschlagen (HR1) und *für welche Bereiche sich der Mitarbeiter qualifizieren kann. Im Rah-men des Assessment Centers werden die Stärken und Schwächen mithilfe einer gewissen Benotung identifiziert und ein Urteil darüber gefällt, ob jemand sofort als Geschäftsführer einsetzbar ist, hierfür noch weitere Erfahrung gesammelt werden muss oder es noch entsprechenden Schulungsbedarf gibt. Auch eine Nichteignung als Geschäftsführer kann ein Ergebnis des AC sein. Je nach Einschätzung wird ggf. an den Schwächen gearbeitet oder der Mitarbeiter ist sofort in der neuen Position einsetzbar und wird bei der Nachfolgeplanung mit aufgenommen (HR2)*.

Im Unternehmen des YP1 gibt es ein Talent-Programm, das einen vorbereitet, gegebenenfalls später mit entsprechender Berufserfahrung ein Teamleiter zu werden (YP1).

Ein Konzern bietet *Führungskräfteschulungen zu Themenbereichen aus dem Talent-Management* an, um *hierfür zu sensibilisieren.* Bereits beim *Onboarding für Führungskräfte* gibt es einen *Themenblock* zur *Mitarbeiterentwicklung (HR1).*

Nachfolgeplanung Ein Konzern betreibt *eine strategische Personalplanung, wo man nicht nur das nächste Jahr betrachtet, sondern ein paar Jahre vorausplant. Aus dem Business heraus* wird der *Input eingebracht,* was dann *in die Perso-nalplanung übersetzt* wird: *Was bedeutet dies für die Planung konkret? Welche Kompetenzen werden auch zukünftig benötigt? Und wie muss sich das Unterneh-men hier aufstellen?* Aus diesem Grund betreibt dieses Unternehmen *intern ein Pipeline-Management,* sodass es *für die erste Ebene keine Probleme* gibt. Hier werden Mitarbeiter auf die entsprechenden Positionen entwickelt. *Und es gibt auf weitaus höherer Ebene noch Talent-Pools, in die Mitarbeiter mit Ambitionen auf-genommen werden, die wirklich in höheren, leitenden Positionen eingesetzt werden können (HR1).*

So hat das Unternehmen *verschiedene Talent-Pools,* die entweder *nach Fach-bereichen aufgegliedert* sind oder *nationale Talente beinhalten.* Eine interessante Strategie bietet das Unternehmen etwa im *Ballungsgebiet Rhein-Neckar,* wo der Mitarbeiter aufgrund von *drei* (Unternehmens-)*Standorten nicht mal umziehen muss (HR1).*

Der befragte Konzern bietet *Möglichkeiten, dass sich Mitarbeiter intern wei-terentwickeln und eine neue Position wahrnehmen* können. Durch die globale Aufstellung *kann man auch gerne mal in eine globale Rolle gehen, was noch ein zusätzlicher Reiz ist.* Hierfür gibt es einen *europäischen Talent-Pool, wo Mitar-beiter auch noch verschiedene Möglichkeiten zur Hand bekommen, wie sie sich weiterentwickeln können und wie sie sich selbst auch besser steuern können (HR1).*

Mitarbeiterentwicklung Zu den Entwicklungsmöglichkeiten zählen beispielsweise *hausinterne Schulungen, das Mentoren*programm, *externe Schulungen* als *Bau-steine,* sodass die Mitarbeiter eine *Fach- oder eine Führungslaufbahn* einschlagen können. Dazu kommen *Meet the Management-Veranstaltungen,* wo sich *Potenzi-alträger untereinander vernetzen* können, aber auch *Vertreter des Managements kennenlernen* und *von ihnen auch ein Stück weit inspiriert werden. Das ist eine offene Frage- und Diskussionsrunde (HR1).*

Ein anderes Unternehmen bietet Job-Rotation, fachliche Förderung, Aus-landsaufenthalt und sogar im Rahmen des Förderprogramms ein erweitertes Elternzeit-Angebot (auch für Männer) an (YP2).

Die Talententwicklung im eigenen Unternehmen schildert ein Young Profes-sional anhand einer festen Reihenfolge von Positionen: *mindestens zwei Jahre eine Position im Ausland,* nach der Rückkehr dann *Projektaufgaben oder eine*

Assistenz von Geschäftsführern übernehmen, sodass man sich in einem Zeitraum von zwei Jahren auf die erste Leitungsebene bewerben kann. Durch das bereits erwähnte Online-Portal kann der *Mitarbeiter seinem Vorgesetzten zeigen, welche Entwicklungsschritte bereits absolviert wurden (YP1)*.

Ein weiterer Young Professional bezeichnet die Talententwicklung *eher als Training on-the-job*, da es gemäß seiner Aussage keine konkreten Fördermaßnahmen in seinem Unternehmen gibt (YP3).

In einer mittelgroßen Autohausgruppe setzt man auf flexible Karriereplanung mit neu aufgesetzten Stellenbeschreibungen, sodass auf jeden individuell eingegangen und nicht pauschalisiert wird (YP5).

Mitarbeiterrekrutierung Das Thema Rekrutierung (von Berufserfahrenen) scheinen die befragten Unternehmen nicht explizit als Talent-Management-Instrument zu sehen, außer eine große Autohausgruppe, die bei *Verkaufsleitern mit Headhuntern zusammenarbeitet, die anonymisiert speziell Leute ansprechen (HR2)*.

Auf die Rekrutierung kam keiner der Interviewpartner explizit zu sprechen, allerdings wurden neben dem Talent-Management weitere Bindungsinstrumente, die bereits stark bei der Ausbildung ansetzen, thematisiert. Diese werden im folgenden Abschnitt aufgeführt.

In Hinblick auf die *Ausbildung* wurde die *Außendarstellung*, bspw. in Form von *Messebesuchen, Schulbesuchen* und *Kooperationen mit Schulen* weiter ausgebaut, nicht um möglichst *viele Bewerbungen reinzukriegen*, sondern um *zu schauen, wie kommen wir denn an die Guten ran, die Perlen (HR3)*.

Ebenso möchte HR4 *eine Qualität liefern, dass es sich herumspricht bei denen, die überhaupt in diese Branche gehen wollen*.

Weitere Maßnahmen und Instrumente

Ausbildung Weitere Mitarbeiterbindungsmaßnahmen stellen *eine eigene Ausbildung* oder ein *eigenes berufsbegleitendes Studium* dar *(HR1)*. Im Rahmen der Ausbildung beginnen viele Unternehmen mit dem *Employer Branding* und entsprechenden innovativen Maßnahmen, bspw. mit *Azubi-Workshops, Ausflügen, Zeugnisgeld, Prüfungsvorbereitung und Ausbildungsbotschaftern*. Das zahlt sich, gemessen an den *Bewerberzahlen*, aus *(HR3)*.

Ein anderes Unternehmen setzt in diesem Bereich auf die Kooperation mit *Realschulen* und *Gymnasien*. Zudem wird vom Verband des Unternehmens eine App entwickelt, mit der eine einfache Initiativbewerbung seitens der Schüler möglich ist (HR4).

Bindungsinstrumente Der befragte Konzern bietet seit 2018 *flexible Arbeitszeit-modelle* an, ergänzt durch sogenannte *Home Days.* Hierbei können *bis zu fünf Arbeitstage im Monat von zuhause* aus gearbeitet werden (HR1). Auch andere Arbeitgeber ermöglichen Homeoffice, *da es unheimlich viele Tätigkeiten gibt, die ortsunabhängig erledigt werden können (HR3).*

Dies fördert die Work-Life-Balance (HR3), also die Vereinbarkeit zwischen Familie, Freizeit und Beruf (HR1). In diesem Bereich sind viele Programme, bspw. *Kontakthalteprogramme mit speziellen Veranstaltungen während* der *Elternzeit* für Mütter und *Väter,* entstanden. Der Firmen-Laptop darf über diese Zeit auch behalten werden (HR1). Eine große Autohausgruppe beschäftigte eine Mutter, die während der Elternzeit in Teilzeit komplett von zu Hause gearbeitet hat. Die Kommunikation erfolgt hauptsächlich über Telefon (YP4).

Zudem können in diesem Unternehmen *Hunde mitgebracht werden* und es wird *Fahrradleasing angeboten.* Es gibt *Obstkisten in Aufenthaltsräumen,* bei denen *sich jeder bedienen kann* und *zweimal pro Woche eine bewegte Pause,* in der *man eine halbe Stunde Gymnastik machen kann (YP4).* Diese Maßnahmen gehören zum betrieblichen Gesundheitsmanagement.

Darüber hinaus finden *Mitarbeiterumfragen* statt und das Unternehmen ist stolz darauf, dass es *fünf Generationen im Unternehmen* beschäftigt. Dem Personaler ist es wichtig, dass sich sein Unternehmen auf die privaten Gegebenheiten der Mitarbeiter einstellt (HR3).

Ein weiteres Bindungsinstrument scheint zudem die Unternehmenskultur und Wertschätzung der Mitarbeiter zu sein (YP5). Auch HR4 sieht *einen Kausalzusam-menhang zwischen Mitarbeiterzufriedenheit,* Bezahlung und *Unternehmenserfolg (HR4).*

Das Sabbatical nannten drei der Befragten als weitere Bindungsmaßnahme (HR1, YP2, HR3).

Zuletzt sei das *strukturierte Austrittsinterview* eines Konzerns erwähnt, das mit jedem geführt wird, der gekündigt hat und der eigentlich gehalten werden soll, *um zu wissen: Welche Gründe gibt es für die Kündigung seitens des Mitarbeiters? Was kann das Unternehmen anders machen, um Mitarbeiter zukünftig besser zu halten? Liegt es an fehlenden Möglichkeiten oder gibt es eine interessantere Herausforde-rung bei einem anderen Arbeitgeber? Dieses Gespräch dient dazu, mehr über die Hintergründe der Kündigung zu erfahren, aber auch anzusprechen, in wieweit der Mitarbeiter mit dem Unternehmen in Kontakt bleiben möchte. Denn viele Mitarbei-ter sind durchaus Rückkehrer, die zwei bis drei Jahre außerhalb des Unternehmens Erfahrung gesammelt haben und anschließend wieder zurückgekehrt sind (HR1).*

Auswahl, Information, Kommunikation und Einbindung der Talente
In dieser Rubrik äußerten sich explizit lediglich die befragten Personaler. Von den Young Professionals wurden diese Fragen nicht beantwortet.

Häufig gaben die Befragten das Mitarbeiter- oder Personalgespräch (HR1, HR4) zur Auswahl der Talente an. Somit erfolgt die Information und Kommunikation *als erstes immer über die Führungskraft,* die das Mitarbeitergespräch durchführt. *Um Input aus erster Hand geben zu können,* werden *direkt der lokale Business Partner und im Idealfall* der entsprechende Talent-Partner hinzugezogen (HR1).

In einer großen Autohausgruppe kommen die Talente entweder aus der *Ausbildung* über die Position des *Kundendienstberaters* oder sie fallen *in der Akademie* im Rahmen von *Schulungsmaßnahmen* auf (HR2).

Eine andere große Autohausgruppe vertraut bei der Auswahl der Talente auf das *Netzwerk* ihres HR-Leiters und dessen *Informationen über gute Kollegen (HR3).*

Der befragte Konzern setzt darüber hinaus Entwicklungsassessments für Führungskräfte ein. Hier werden die Stärken hinsichtlich Führung, die der Konzern für sich definiert hat, sowie Potenziale der Talente festgestellt (HR1).

Eine allgemeine Information über Talent-Management und dessen Instrumente finden Mitarbeiter einer großen Autohausgruppe zudem im Intranet und der Mitarbeiterzeitung (HR3).

Eine andere Autohausgruppe lädt Talente über deren hausinterne Akademie zu besonderen Anlässen ein (HR2).

Die Einbindung der Talente erfolgt im befragten Konzern über den *Entwicklungsplan,* in dem gemeinsam *Entwicklungsmaßnahmen festgelegt* werden. Hier *gestaltet* der Mitarbeiter seine Karriere und soll *aktiv* werden, sich beispielsweise zu *Schulungen,* die mit der *Führungskraft* vereinbart sind, *anmelden (HR1).*

Zufriedenheit mit der Umsetzung der TM-Aktivitäten

Direkte Zufriedenheit seitens HR Ein Personaler (HR3) ist aufgrund der *sehr guten Umsetzung und Akzeptanz* zufrieden.

Dagegen beschreibt ein anderer HR-Mitarbeitender die Umsetzung als *zufriedenstellend* mit *Luft nach oben (HR4).* Im befragten Konzern besteht der Wunsch, dass die Talent-Partner *mehr wissen, wo* deren *Talente sind.* Die *Informationen* seien *vorhanden, müssten aber vielleicht anders aufbereitet* oder *genutzt werden (HR1).*

Reflexion der Zufriedenheit der Mitarbeitenden durch HR Ein HR-Manager einer mittelgroßen Autohausgruppe ist der Auffassung, dass die Mitarbeiter *soweit zufrieden sind* und gibt seinem Talent-Management *gefühlt* die *Schulnote 2 (HR4).*

Auch der Personalleiter einer großen Autohausgruppe bezeichnet die Zufriedenheit als *größtenteils gut*. Er wirft allerdings ein, dass *es Teilnehmer gibt, die noch nicht wie gewünscht in eine Führungskräfte-Position gekommen sind (HR3)*.

Der befragte Talent-Partner sieht die Zufriedenheit differenzierter und nimmt *Unterschiede* an den Standorten wahr: *Je weiter weg von der Deutschland-Zentrale, desto weniger ist das Talent-Management spürbar.* Weiter ergeben sich Unterschiede je nach Talent-Management-Affinität des Standortes (HR1).

Zudem *kommt es auch auf den Mitarbeiter an. Mitarbeiter, die bereits verschiedene Positionen im Konzern ausgefüllt haben, besitzen schon eher das große Bild und greifen eher auf Möglichkeiten zurück, die ihnen geboten werden. Zudem wissen sie, wo sie sich Unterstützung suchen können. Anderen ist es vielleicht nicht so bewusst, denen fehlt ein Stück weit das große Bild (HR1)*.

Generelle Wahrnehmung von TM im Unternehmen

In einer mittelgroßen Autohausgruppe *wird* das Talent-Management *positiv wahrgenommen, es erhöht* die *Leistungsbereitschaft und Effizienz, Weiterbildung* und *Aufstiegsmöglichkeiten (HR4)*.

Dagegen ist die Wahrnehmung in einer großen Autohausgruppe differenzierter, da *viele Mitarbeiter das Programm noch nicht kennen*, dies *aber durch die stetige Kommunikation in der Mitarbeiterzeitung* und über andere Kanäle *immer mehr* werde *(HR3)*.

Ein Young Professional bezeichnet Talent-Management *heutzutage* als *Musthave, also ohne geht es eigentlich gar nicht mehr. Aber die Wahrnehmung ist durch die Vorgesetzten nicht unbedingt gegeben. (YP1)*

Aus diesem Grund gibt es im befragten Konzern *Führungskräfte-Schulungen zu Themenbereichen aus dem Talent-Management, wo* diese *ein Stück weit sensibilisiert* werden *(HR1)*.

In einem Autokonzern *wissen die Mitarbeiter bereits, dass es dieses Talent-Förderprogramm gibt*, und so *bekommt man in der Abteilung schon mit, wenn jemand aufgenommen und speziell gefördert wird (YP2)*.

Erfolgsmessung der TM-Maßnahmen

Eine direkte Erfolgsmessung gibt es bei keinem der befragten Unternehmen.

Eine mittelgroße Autohausgruppe misst den Erfolg an der Kundenzufriedenheit sowie dem Erreichen von Benchmarks innerhalb der einzelnen Abteilungen (HR4). Eine andere Erfolgsmessung der Talent-Management-Maßnahmen stellen die (zeitliche und qualitative) Besetzungen von Positionen oder die durchschnittliche Betriebszugehörigkeit dar (HR3, HR1).

Eine indirekte Erfolgsmessung findet über das Mitarbeitergespräch statt, da eine Reflexion sowohl des Mitarbeiters, als auch der Führungskraft bzgl. der Qualifizierungsmaßnahmen stattfindet. Darüber hinaus wird die *Erfüllungsquote der Qualifizierungsmaßnahmen* zudem vom HR-Bereich direkt evaluiert (HR1).

Für die *Führungsassessments* findet eine *individuelle Reflexion* statt, um zu kontrollieren, ob dort *die richtigen Leute ausgewählt* und *in die* passende *Richtung entwickelt* wurden (HR1).

TM-Erfolgsfaktoren

Hier wurden der Ausbau der *internen Akademie (HR4)* sowie weitere Employer Branding- Maßnahmen, etwa Betriebs-Kita, Poststelle für private Pakete (YP3) und Kooperationen mit Fitnessstudios (HR2), genannt.

Darüber hinaus wäre es hilfreich, wenn die Personaler noch *transparenter und besser wüssten, welche Talente* intern vorhanden sind und *in welche Richtung* sie sich entwickeln müssen, *um beispielsweise auf anderen Jobs* oder *anderen Funktionen* eingesetzt werden zu können. Hierbei könnte künstliche Intelligenz durch Auswertung der Qualifizierungsmaßnahmen, Bestimmung irgendwelcher Muster und Auswertung von Trends standort- oder länderübergreifend unterstützen (HR1).

Ein weiterer Erfolgsfaktor ist der *Mitarbeiter* selbst, der *mehr Initiative zeigen* und zudem Entwicklungsmaßnahmen *einfordern* kann (HR1).

Grundsätzlich benötigt es mehr an *Kommunikation, Offenheit und Transparenz,* sodass *die Mitarbeiter auch mit ihrer Führungskraft, mit ihren Personalern, ob lokal oder zentral über ihre Karrierewünsche sprechen, wo sie denn auch hingehen möchten* und dass das *Unternehmen* hier *transparent und offen* zurückspiegelt, *welchen Weg* es mitgeht oder *wo vielleicht auch noch nicht das Potenzial* gesehen wird, sodass ein gegenseitiges Erwartungsmanagement vorhanden ist (HR1).

TM-Pläne

Wie bereits oben erwähnt, möchte der befragte Konzern noch *besser wissen, wo die Talente sind,* somit *näher an die Mitarbeiter* und *an das Business herangehen,* um *mehr Leute kennenzulernen* und auch mehr *Pool-Aufnahmegespräche* führen zu können, um diese besser füllen zu können (HR1).

Im Bereich des Recruitings setzten befragte Unternehmen verstärkt auf *digitale Medien (HR4)* und bei der *Onlinepräsenz* auf *Instagram,* da *Facebook weniger populär wird (YP5).*

Daraufhin bindet ein befragtes Unternehmen Youtuber in die Werbekampagne zur Rekrutierung von Azubis ein (HR4).

Verbesserungen im TM

Ein Young Professional sieht *zum aktuellen Zeitpunkt* keinen Verbesserungsbedarf (YP2). Dem schließt sich ein Personaler mit den Worten an: *Wenn wir das wüssten, wären wir wahrscheinlich schon ein ganzes Stück weiter und würden das noch zusätzlich anbieten (HR1).*

Die befragte große Autohausgruppe möchte den Wertewandel und die Work-Life-Balance stärker in das Talent-Management einbeziehen, da *die klassischen 40 Stunden-Verträge schon längst out* sind (HR3). Auch ein Young Professional vertritt die Meinung, *dass man flexibler und variabler auf die aktuellen Situationen reagieren kann.* Dafür müssen *andere Strukturen im Konzern aufgebaut* werden und die Talente können *sich auch dementsprechend mehr in Schnittstellenfunktionen zeigen und wahrscheinlich auch mehr gesehen und gehört werden.* Hierbei sei das Stichwort Agilität erwähnt (YP1).

Ein Kritikpunkt seitens eines Young Professionales in einem großen Autokonzern ist, dass *die Auswahl- bzw. Nominierungskriterien* für das Talent-Management in seinem Unternehmen *nicht immer transparent sind.* Dies sollte seines Erachtens *den Mitarbeitern mehr als Anreizsystem dargelegt* werden. Deshalb werden hier grundsätzlich *Schwächen hinsichtlich* der *Kommunikation* gesehen (YP2).

Eine mittelgroße Autohausgruppe wünscht sich mehr Unterstützung von der Automarke (HR4), ein Young Professional externe Weiterbildungsmaßnahmen (YP1).

Interessant ist der Ansatz, sich anhand der Berufsbilder *breiter aufzustellen, sodass Unternehmen nicht nur den Kfz-Mechatroniker suchen, sondern beispielsweise nach Fachwirten oder angelernten Kräften, die weitergebildet werden können (HR3).*

Grundsätzlich ist eine *stetige Weiterentwicklung und Verbesserung des Prozesses und des Programms (HR2)* sowie regelmäßiger Austausch zu Best Practice Themen (HR1) erwünscht und angestrebt.

Erkenntnisgewinn

Im Folgenden werden die Ergebnisse aus den Experteninterviews in Abschn. 5.3 zu Kernaussagen verdichtet und zur besseren Übersicht zentralen TM-Elementen bzw. -Phasen zugeordnet.

TM Konzept

- Die Vorstellung von Talent-Management und dessen Zielen sind eher rudimentär ausgeprägt, ein Konzept ist zumindest in den befragten Autohausgruppen nicht vorhanden.
- TM erfolgt in den betrachteten mittelständischen Familienunternehmen eher situationsgesteuert.

TM Kommunikation

- Das Sensibilisieren und Werben für TM im Unternehmen muss bereits beim Onboarding beginnen.
- Als wichtigste Kommunikationsschnittstelle wird die direkte Führungskraft gesehen.
- In den mittelständischen Betrieben wird der direkte Zugang zum HR-Manager bzw. zur Unternehmensleitung besonders hervorgehoben.

TM Prozess

Mitarbeiterbeurteilung

- In der Automobilindustrie haben Talente die Möglichkeit, sich über interne Plattformen zu präsentieren.

- Talent-Management-Konferenzen bilden die Grundlage für das Identifizieren potenzieller Talente.

Talentidentifikation

- Die Auswahl der potenziellen Talente und die Potenzialfeststellung erfolgen über die Führungskraft im Mitarbeitergespräch.

Nachfolgeplanung

- In einem Großkonzern der Automobilindustrie existieren für die Nachfolgeplanung ein Pipeline Management sowie diverse Pools, sortiert nach Fachkräften, Führungsebenen, national bzw. international.

Mitarbeiterentwicklung

- Zur Entwicklung von Mitarbeitern und Führungskräften, insbesondere auch zur Vermittlung der Unternehmenskultur, werden in zwei Autohausgruppen in einer unternehmensinternen Akademie Schulungsmaßnahmen angeboten.
- Gemeinsam erstellte individuelle Entwicklungspläne mit festgelegten Entwicklungsmaßnahmen werden von Mitarbeitern, die ihre Karriere aktiv mitgestalten möchten, sehr geschätzt.
- In einer mittelgroßen Autohausgruppe setzt man auf flexible Karriereplanung mit neu aufgesetzten Stellenbeschreibungen, sodass auf jeden individuell eingegangen werden kann.

Mitarbeiterbindung

- Als starke Bindungsmaßnahmen werden die Ausbildung im Unternehmen, das berufsbegleitende Studienangebot, der große Impact der Unternehmenskultur, Mitarbeiterzufriedenheit, adäquate Entlohnung sowie die Eigenschaft, Teil eines erfolgreichen Unternehmens zu sein, genannt.
- Zur Erhöhung der Verbundenheit werden z. B. auch die Aufbauorganisation des Unternehmens auf das Talent neu zugeschnitten oder Stabstellen bei der Geschäftsleitung eingerichtet.

Vermarktung im Rahmen der Mitarbeiterrekrutierung

- Aktives Talent-Sourcing wurde von keinem Befragten als TM-Instrument erwähnt.
- Die Ansprache von externen Talenten findet zudem über das persönliche Netzwerk der Geschäftsleitung statt.

TM und Unternehmenskultur

- Insbesondere in den mittelständischen (Familien-)Unternehmen wird wertschätzende Unternehmenskultur – wie gegenseitiger Respekt, offene Kommunikation, Transparenz und Zwischenmenschlichkeit – gelebt.
- Die Young Professionals schätzen die großen Freiheiten bei der Ausführung ihrer Tätigkeit sehr, sowie nach wie vor die Strahlkraft der interessanten Automobil-Branche.
- Die direkte und offene Kommunikation mit der Unternehmensleitung wird als ganz besondere Wertschätzung empfunden.

Zufriedenheit mit dem Erfolg von TM

- Von HR-Managerseite her herrscht eine gewisse Selbstzufriedenheit mit dem eigenen TM, es wird aber auch noch „Luft nach oben" gesehen.
- Aus Perspektive der Mitarbeitenden und der Führungskräfte werden TM-Aktivitäten jedoch anders bzw. als nicht ausreichend wahrgenommen.
- Insofern ist die Zufriedenheit mit TM bei den Mitarbeitern nicht so ausgeprägt, und das umso mehr, je weiter weg vom Headquarter die Mitarbeitenden eingesetzt sind.
- Direkte Erfolgsmessungen hinsichtlich TM gibt es in keinem der betrachteten Unternehmen.
- Indirekt wird Erfolg von TM über die Qualität der neubesetzten Positionen, die Höhe der durchschnittlichen Betriebszugehörigkeit oder aus dem Feedback in den Mitarbeitergesprächen bewertet.

TM Weiterentwicklung

- Bei der Weiterentwicklung des TM können Rückmeldungen aus strukturierten Austrittsinterviews sehr hilfreich sein.

- Von den HR-Managern werden Transparenz, Offenheit und Kommunikation als Erfolgsfaktoren herausgestellt, aber grundsätzlich auch großes Entwicklungspotenzial für TM aufgezeigt.
- Der HR-Manager eines Konzerns erwartet mehr Eigeninitiative von den Mitarbeitern, wenn es darum geht, sich für TM zu empfehlen.
- Verbesserungen können erreicht werden durch stärkere Berücksichtigung des Wertewandels, der Work-Life-Balance, durch variablere Reaktion auf aktuelle Situationen, Agilität und neue Strukturen, in denen sich die Talente besser zeigen können.
- Von den Autohausgruppen wird bessere Unterstützung durch den Autohersteller und die Kraftfahrzeug-Verbände eingefordert, z. B. durch Generierung von neuen interessanteren Berufsbildern oder gemeinsames Branchen- und Employer Branding über Social Net.
- Vor dem Hintergrund des demografischen Wandels ist auch die Funktion bzw. Rolle eines Senior Expert Managers erforderlich, der die Verbindung zu Rentnern hält, die als Berater dem Unternehmen weiterhin wertvolles Erfahrungswissen zur Verfügung stellen können.

Abgeleitete Empfehlungen und Fazit 7

7.1 Handlungsempfehlungen

Die Ergebnisse der Interviews von HR-Experten und Young Professionals zeigen bewährte Beispiele für Talent-Management, aber auch deutliche Mängel auf. Sie sollen in Handlungsempfehlungen für die Automobilwirtschaft einfließen.

Den mittelständischen Automobilzulieferern und Autohausgruppen fehlt es an erster Stelle an der strategischen Analyse und einer schlüssigen Talent-Management-Strategie. Die *Personalstrategie* sollte im Rahmen der Unternehmensstrategie den Input für die quantitative und qualitative Personalbedarfsermittlung vorgeben. Mittels einer Altersstrukturanalyse, insbesondere für Führungskräfte und Schlüsselpositionen, werden die Anzahl und die Qualität der zu rekrutierenden Talente für die nächsten Jahre bestimmt. Ferner sind die Megatrends demografischer und technologischer Wandel sowie Digitalisierung und Wertewandel als maßgebliche Einflussgrößen und Chancen dynamisch zu berücksichtigen. So hat z. B. die Corona-Krise die digitale Transformation beschleunigt.

Bisher betreiben viele Unternehmen Talent-Management noch nicht als *systematischen Prozess* oder – insbesondere in den mittelständischen Automobilunternehmen – höchstens in Form nicht oder kaum miteinander verbundener, oft spontaner Einzelmaßnahmen. Strategiearbeit benötigt zeitliche Freiräume. Diese sind insbesondere in kleinen Unternehmen oftmals nicht vorhanden bzw. werden nicht bewusst geschaffen. Das operative Tagesgeschäft überlagert die Strategiearbeit. Deshalb sollte eine Stabstelle oder Projektgruppe zur Implementierung einer Talent-Management-Strategie und zur Einführung und Umsetzung des Talent-Management-Prozesses etabliert werden.

Der *TM-Prozess* beginnt mit der Suche nach Talenten sowohl außerhalb als auch innerhalb des Unternehmens.

© Springer Fachmedien Wiesbaden GmbH, ein Teil von Springer Nature 2021
A. Dotzauer et al., *Talent-Management am Beispiel der Automobilwirtschaft*,
essentials, https://doi.org/10.1007/978-3-658-32777-4_7

Bei der *externen Suche* nach Mitarbeitern können Kandidatinnen und Kandidaten vom Erstkontakt bis hin zur Einstellung an möglichst allen Touchpoints auf das Talent-Management des potenziellen Arbeitgebers aufmerksam gemacht werden. Der am meisten genutzte und wichtigste Recruiting-Kanal ist die eigene *Karrierewebseite,* die einfach zu erreichen sein sollte und das Zentrum der digitalen Präsenz eines Unternehmens als potenzieller Arbeitgeber darstellt. Hier laufen die Fäden aus Blogs, Social Net sowie anderen sozialen Kanälen zusammen und liefern Bewerbenden weiterführende Informationen, insbesondere zum Talent-Management.

Neben dem digitalen Kontakt darf der Erfolg der direkten Ansprache von externen Talenten über das *persönliche Netzwerk* von Führungskräften und Geschäftsleitung nicht unterschätzt werden. Diese Wertschätzung steigert die Arbeitgeberattraktivität und kann der Anfang einer vielversprechenden Candidate Experience sein.

Employer Branding soll die Employer Value Propositions (Alleinstellungsmerkmale eines Arbeitgebers) hervorheben. Wichtige Elemente sind insbesondere die herausragenden Karrierechancen, deren individuelle und nachhaltige Förderung in einer wertschätzenden Unternehmenskultur mit transformationaler Führung, die Work Life Balance unterstützende Arbeitsumgebung und Benefits. Teil einer exzellenten Mannschaft bei einem Topperformer seiner Branche zu sein, kann zusätzlich begeistern. Unternehmensbewertungen, die sich auf Portalen wie kununu.de oder glassdoor.de finden, sollten regelmäßig aktiv bearbeitet werden. Auf dort geäußerte Kritik sollte konstruktiv reagiert werden.

Für die *interne Suche* nach Talenten eignet sich besonders die *Leistungs-Potenzial-Matrix,* mit dessen Hilfe talentierte Mitarbeiter anhand der Kriterien aktuelle Leistungserfüllung und Leistungspotenzial identifiziert werden können.

Allen Mitarbeitern sollte auch die Möglichkeit gegeben werden, sich über eine unternehmensinterne Plattform als potenzielle Talente präsentieren und ihre Karriere aktiv mitgestalten zu können. Dies sollte als Erwartung an die Mitarbeiter in der Führungskultur verankert sein.

Die *Talententwicklung* muss deshalb nicht nur die Unternehmensziele, sondern auch individuelle Vorstellungen des Talents berücksichtigen. Die Erreichung der Entwicklungsziele sollte über Zielvereinbarungen, Entwicklungspläne sowie Trainings- und Weiterbildungsangebote sichergestellt werden.

Regelmäßige Entwicklungsgespräche mit den Talenten dienen der Kontrolle der Zielerreichung und der Planung des weiteren Vorgehens. Sollten sich Rahmenbedingungen für den Karriereplan ändern, kann flexibel darauf eingegangen werden.

Neben der traditionellen Projektarbeit in interdisziplinären Teams haben sich neuere erfolgsversprechende Methoden der Talententwicklung herausgebildet, wie etwa das Lunch-Roulette. Dabei kommen Talente mehr oder weniger zufällig zusammen und lernen sich sowie die jeweiligen Unternehmensbereiche kennen. In Hackathons werden in hierarchiefreien, interdisziplinären Teams innerhalb von ein bis zwei Tagen erste Konzepte für ein laufendes Projekt generiert. Oder in einer Jamsession trifft man sich zwanglos online, um ein spezifisches Thema unter Nutzung von kollektivem Wissen zu besprechen. Der Mentor, in der Regel eine erfahrene Führungskraft, unterstützt das Talent bei seiner persönlichen und beruflichen Entwicklung im Unternehmen. In Form eines sog. Cross Mentorings begleiten sich Mentoren und Talente auch in unternehmens- bzw. branchenübergreifenden Tandems.

In Zeiten von Corona und der umfassenden Transformation in der Automobilbranche wächst die Gefahr von Demotivation und unvorhergesehenen Eigenkündigungen von Talenten. Deshalb rückt die *Bindung* der Mitarbeiter noch mehr in den Fokus des Personalmanagements. Das Unternehmen entwickelt sich vom klassischen Arbeitgeber zur „Caring Company" und versucht, eine möglichst enge Symbiose mit den Beschäftigten einzugehen. Traditionelle Angebote wie bspw. individuelle Personalentwicklung oder anforderungs- bzw. leistungsorientierte Vergütung reichen dabei seit Längerem nicht mehr aus. Vielmehr kümmert sich eine Caring Company darüber hinaus um die Vereinbarkeit von Familie, Freizeit und Berufsleben. Dabei kann das Angebot – z. B. Unterstützung bei der Domizilsuche, hochflexible Arbeitszeiten, Sabbaticals, Unterstützung bei der Pflege von Angehörigen, Kita-Angebot – in Form eines „Cafeteria-Modells" erweitert bzw. zusätzlich individualisiert werden.

Ergänzende Maßnahmen des Gesundheitsmanagements und des Arbeitsschutzes sollten ebenfalls regelmäßig durch das Personalmanagement (insbes. „Feelgood Management") geprüft werden, um Angebote bzw. Bindungswirkung des flexiblen, jedoch anspruchsvollen Cafeteria-Modells von Zeit zu Zeit den sich ändernden Interessen bzw. Werten der Talente anzupassen.

Mit Blick auf die Mitarbeiterbindung haben die Führungskräfte eine Schlüsselrolle inne. Sie sollten noch stärker als wertschätzendes, motivierendes, authentisches und positiv denkendes Vorbild agieren, ihren Mitarbeitern Vertrauen schenken, Entscheidungsfreiräume und Eigenverantwortung geben. Durch regelmäßige, anonyme Mitarbeiterbefragungen können bestehende, aber auch sich entwickelnde Probleme erkannt und unter Beteiligung der Betroffenen kontinuierlich Verbesserungen entwickelt werden. Wertvolle und authentische Aussagen zur Analyse der Fluktuationsgründe erhält man durch systematische Austrittsgespräche.

Obwohl Unternehmen bereits versuchen, ältere und erfahrene Mitarbeiter nach ihrem Austritt weiter als Talent Coach oder Senior Consultant zu binden, besteht bei vielen der Wunsch nach Altersteilzeit, Frührente oder Teilzeitarbeit. Deshalb sollten mit allen Führungskräften wertschätzende Perspektivgespräche geführt und im Talent-Management Nachfolgekandidaten aufgebaut werden („Nachfolge-Pipeline"). Dadurch wird u. a. sichergestellt, dass in – idealerweise altersgemischten – Tandems im Falle ungeplanter Veränderungen ausreichend Zeit für Einarbeitung bzw. Übergabe vorhanden sein wird.

Obwohl die Automobilindustrie ihre Attraktivität als Arbeitgeber nach wie vor nicht eingebüßt zu haben scheint, sollte nach dem imageschädigenden Dieselbetrug (2015) und der Coronakrise (2020 und 2021) sowie in der bevorstehenden Transformation in ökologische Antriebskonzepte und in einer hoch digitalisierten und vernetzten Welt der Mobilität die Bedeutung des Personalmanagements geschätzt und gesteigert werden.

7.2   Fazit

Im ersten Teil des Essentials wurden neben Herausforderungen im Bereich Automotive theoretische Grundlagen rund um die Thematik Talent-Management in der Automobilwirtschaft aufgezeigt (Kap. 4). Anhand von Experteninterviews (Abschn. 5.3) und deren qualitativer Auswertung ergaben sich zentrale Erkenntnisse (Kap. 6), aus denen sich – trotz üblicher begrenzter Generalisierbarkeit von Forschungsergebnissen folgendes Fazit ableiten lässt:

1. Das Bewusstsein bzw. Angebot rund um Talent-Management erscheint (auch) in der Automobilbranche unterschiedlich, bei mittelständischen Unternehmen tendenziell eher gering ausgeprägt.
2. Neben bekannten Trends wie Elektromobilität und Digitalisierung, die zu einer Transformation der gesamten automobilen Wertschöpfungskette führen wird, verschärfen mehrere Krisen (Dieselbetrug, Corona) den „Kampf um Talente".
3. Eine besondere Stellschraube stellt das „dialogische Prinzip" dar – kurz das gezielte vertrauensvolle Einbinden von Talenten auf Augenhöhe. Gerade die Automobilbranche ist sehr technisch getrieben und befindet sich in einer massiven Transformation. Ihre Personaler, maßgebliche Treiber für (kulturelle) Veränderungen, sind stark mit operativem Tagesgeschäft befasst. Eine stärkere Mitarbeiterorientierung ist daher sehr wohl eine Herausforderung.
4. Die Corona-Krise ist eine Chance für das Talent-Management. Bei der Bewältigung der Herausforderungen wachsen Talente über sich hinaus und

werden dadurch sichtbar. Talent-Management ist gefordert, diese Talente zu identifizieren und entsprechend zu fördern.

5. Vernachlässigt scheinen ein systematisches HR-/TM-Controlling sowie ein unternehmensübergreifendes Benchmarking. Dadurch werden unnötigerweise Chancen zur Weiterentwicklung bzw. Attraktivitätssteigerung vergeben.

6. Anzuerkennen ist, dass Talente individuelle, im Zeitablauf veränderliche und prinzipiell hohe Erwartungen an Unternehmen stellen. Personalseitig resultiert die Herausforderung, eine entsprechende Unternehmens- und Führungskultur mitzugestalten und differenzierte, flexible Angebote zu entwickeln, die eine effektive überdurchschnittliche Mitarbeiterbindung bewirken können.

7. Empfehlenswert ist, dass HR-Verantwortliche dafür sensibilisiert sind, dass ihr Selbstbild häufig vom Fremdbild (Führungskräfte und Mitarbeitende) abweichen wird. Generell kann eine konstruktiv-kritische Feedbackkultur zur Reflexion und (gemeinsamen) Weiterentwicklung beitragen. Zudem sollten selbstverständlich auch HR-Mitarbeitende regelmäßig ihr Know-how bzw. ihre Kompetenzen weiterentwickeln. Dies trägt auch zur Verbesserung des Standings von HR bei.

8. Eine Fokussierung auf bestimmte Alters-/Zielgruppen (vgl. bspw. Generation Y, Z, Alpha) mit (vermeintlich) ähnlichen Verhaltens- und Denkweisen sollte kritisch hinterfragt werden. Der sog. „Generationenmythos" wird seit mehreren Jahren in der deutschen Forschung diskutiert bzw. kritisiert.

9. Damit aktuelle und künftige Talente für das Unternehmen begeistert werden können, bedarf es umfangreicher konzeptioneller Planung und operativer Umsetzungsarbeit. Die zielgruppenrelevanten Angebote, respektive authentischen Unterscheidungsmerkmale sollten auch mit Blick auf die Konkurrenz regelmäßig adjustiert werden. Dadurch wird ermöglicht, auch künftig Talente für Unternehmen der Automobilbranche zu gewinnen und möglichst langfristig beschäftigen zu können.

Was Sie aus diesem *essential* mitnehmen können

- Das Bewusstsein für Talent-Management ist insbesondere in größeren Unternehmen der Automobilbranche vorhanden, erscheint jedoch ausbaufähig.
- Der Theorieteil informiert über Erfordernis und Gestaltungsmöglichkeiten zeitgemäßen Talent-Managements.
- Die Erkenntnisse aus den geführten Experteninterviews dienen als Impuls, das eigene Handeln in der Unternehmenspraxis zu reflektieren.
- Selbst Krisen können bzw. sollten für weitere Professionalisierungsbemühungen genutzt werden.

© Springer Fachmedien Wiesbaden GmbH, ein Teil von Springer Nature 2021
A. Dotzauer et al., *Talent-Management am Beispiel der Automobilwirtschaft*,
essentials, https://doi.org/10.1007/978-3-658-32777-4

Literatur

Albrecht, A. (2016). Virtuelles Führen als kritischer Erfolgsfaktor in der neuen Arbeitswelt. *PERSONALquarterly* Nr. 1 2016, 17–22.

Armutat S. (2007). Internationalisierung. In Armutat, S. (Hrsg.) (2007). *Management Development. Zukunftssicher durch kompetenzorientierte Führungskräfteentwicklung* (S. 72–77). Bielefeld: wbv Media.

BA (2020). Bundesagentur für Arbeit (Hrsg.), *Berichte: Blickpunkt Arbeitsmarkt – Monatsbericht zum Arbeits- und Ausbildungsmarkt*, Nürnberg, August 2020. https://www.arbeitsagentur.de/datei/arbeitsmarktbericht-august-2020_ba146633.pdf. Zugegriffen: 26. Oktober 2020.

Baumgärtner, D., & Borgmann, W. (2012). Psychologische Leistungsdiagnostik – Voraussetzung für die gezielte Talent- und Leistungsentwicklung für Sport und Wirtschaft. In P. Wollsching-Strobel, & B. Prinz (Hrsg.), *Talentmanagement mit System. Von Top-Performern lernen – Leistungsträger im Unternehmen wirksam unterstützen* (S. 73–80). Wiesbaden: Springer-Gabler.

Bethke-Langenegger, P. (2011). *Talent Management in Schweizer Unternehmen. Ein Forschungsprojekt der Universität Zürich.* Zürich: o. V.

Bittlingmaier, T. (2013). Wie überzeugen? Zum Umgang mit Auftraggebern von PE-Projekten. In M. T. Meifert (Hrsg.), *Strategische Personalentwicklung. Ein Programm in acht Etappen* (3. Aufl.) (S. 333–344). Wiesbaden: Springer-Gabler.

Blickle, G. (2019). Personalmarketing. In F. W. Nerdinger, G. Blickle, & N. Schaper, *Arbeits- und Organisationspsychologie* (4. Aufl.) (S. 251–269). Berlin: Springer.

BMWi (2020). Bundesministerium für Wirtschaft und Energie, *Wirtschaftsbranchen: Automobilindustrie.* https://www.bmwi.de/Redaktion/DE/Textsammlungen/Branchenfokus/Industrie/branchenfokus-automobilindustrie.html. Zugegriffen: 4. September 2020.

Bödeker, N., & Hübbe, E. (2013). Etappe 5: Talentmanagement. In M. T. Meifert (Hrsg.) *Strategische Personalentwicklung. Ein Programm in acht Etappen* (3. Aufl.) (S. 215–244). Wiesbaden: Springer-Gabler.

Boden, M. (2013). *Mitarbeitergespräche führen. Situativ, typgerecht und lösungsorientiert.* Wiesbaden: Springer-Gabler.

Bogner, A., Littig, B., & Menz, W. (2014). *Interviews mit Experten: Eine praxisorientierte Einführung.* Wiesbaden: Springer VS.

© Springer Fachmedien Wiesbaden GmbH, ein Teil von Springer Nature 2021 51
A. Dotzauer et al., *Talent-Management am Beispiel der Automobilwirtschaft,*
essentials, https://doi.org/10.1007/978-3-658-32777-4

Bösenberg, C., & Küppers, B. (2011). *Im Mittelpunkt steht der Mitarbeiter. Was die Arbeitswelt wirklich verändern wird*. Freiburg: Haufe.

Braig, W., & Wille, R. (2012). *Mitarbeitergespräche. Gesprächsführung aus der Praxis in die Praxis* (7. Aufl.). Zürich: Orell Füssli.

Christmann, G. B. (2009). Telefonische Experteninterviews – ein schwieriges Unterfangen. In A. Bogner, B. Littig, & W. Menz (Hrsg.), *Experteninterviews: Theorien, Methoden, Anwendungsfelder* (3. Aufl.) (S. 197–222). Wiesbaden: VS Verlag für Sozialwissenschaften.

Daimler (2020). *CASE - Intuitive Mobilität.* https://www.daimler.com/case/. Zugegriffen: 29. September 2020.

Döring, N., & Bortz, J. (2016). *Forschungsmethoden und Evaluation in den Sozial- und Humanwissenschaften* (5. Aufl.). Berlin, Heidelberg: Springer.

Dresing, T., & Pehl, T. (2020). Transkription. Implikationen, Auswahlkriterien und Systeme für psychologische Studien. In G. Mey, & K. Mruck (Hrsg.), *Handbuch Qualitative Forschung in der Psychologie, Band 2: Designs und Verfahren* (2. Aufl.) (S. 835–854). Wiesbaden: Springer.

Edelkraut, F., & Balzer, S. (2016). *Inspiring! Kommunizieren im TED-Stil.* Wiesbaden: Springer Gabler.

Ehrentraut, O. (2019). *Arbeitslandschaft 2025* – Eine vbw-Studie erstellt von der Prognos AG, Vereinigung der Bayerischen Wirtschaft e. V. (Hrsg.) https://www.vbw-bayern.de/Redaktion/Frei-zugaengliche-Medien/Abteilungen-GS/Sozialpolitik/2019/Downloads/20190221_Arbeitslandschaft-2025_final.docx.pdf. Zugegriffen: 27. Oktober 2020

Eilers, S., Möckel, K., Rump, J., & Schabel, F. (2015). *HR Report 2014/2015 Schwerpunkt Führung. Eine empirische Studie des Instituts für Beschäftigung und Employability IBE im Auftrag von Hays für Deutschland, Österreich und die Schweiz,* Mannheim: o. V.

Enaux, C., & Henrich, F. (2010). *Strategisches Talent-Management: Talente systematisch finden, entwickeln und binden.* Freiburg: Haufe.

Engel, T., & Behr, M. (2006). Telefonische Experteninterviews mit Managern – Nutzen, Anforderungen, Praxis: CATI im Einsatz der industriesoziologischen Forschung zu Personalwirtschaft und regionalen Arbeitsmärkten. In T. Ritter, T. Engel, I. Götzelt, S. Jahr, & B. Martens (Hrsg.), *CATI abseits von Mikrozensus und Marktforschung: Telefonische Expertenbefragungen – Erfahrungen und Befunde* [Sonderforschungsbereich 580 „Gesellschaftliche Entwicklungen nach dem Systemumbruch. Diskontinuität, Tradition und Strukturbildung" (SFB 580 Mitteilungen 2006)], Heft 17, Jena: Friedrich-Schiller-Universität Jena, 66–82.

Flick, U., Kardorff, E. v., & Steinke, I. (2017). Was ist qualitative Forschung? Einleitung und Überblick. In U. Flick, E. v. Kardorff, & I. Steinke (Hrsg.), *Qualitative Forschung: Ein Handbuch* (12. Aufl.) (S. 13–29), Reinbek bei Hamburg: Rowohlt Taschenbuch.

Franken, R., & Franken, S. (2020). *Wissen, Lernen und Innovation im digitalen Unternehmen: Mit Fallstudien und Praxisbeispielen* (2. Aufl.). Wiesbaden: Springer Gabler.

Fraunhofer (2020). Fraunhofer-Institut für Produktionstechnologie IPT, *E-Mobilität.* https://www.ipt.fraunhofer.de/de/kompetenzen/Technologiemanagement/e-mobility.html#:~:text=Elektromobilit%C3%A4t%20bringt%20viele%20Vorteile%20mit%20sich&text=Ein%20Achtzylindermotor%20hat%201200%20Teile,an%20System%2D%20und%20Komponentenlieferanten%20%C3%BCberfl%C3%BCssig. Zugegriffen: 29. September 2020.

Fuchs, W., & Unger, F. (2014). *Management der Marketingkommunikation* (5. Aufl.). Wiesbaden: Springer-Gabler.

Gabrisch, J. (2010). *Die Besten managen. Erfolgreiches Talent-Management im Führungsalltag mit zahlreichen Beispielen aus der Coaching-Praxis.* Wiesbaden: Gabler.

Giesen, B. (1998). Personalmarketing – Gewinnung und Motivation von Fach- und Führungskräften. In N. Thom, & B. Giesen (Hrsg.), *Entwicklungskonzepte und Personalmarketing für den Fach und Führungsnachwuchs. Mit Fallstudien aus der Personalpraxis* (2. Aufl.) (S. 86–101). Köln: Staufenbiel.

Gilbert, N., & Lazarus, S. (2009). Talent Management als Herausforderung in der internen Kommunikation. In M. Böcker, & B. Schelenz (Hrsg.), *Personalentwicklung als Kommunikationsaufgabe. Herausforderungen, Lösungsansätze und Praxisbeispiele* (S. 31–41). Erlangen: Publics Publishing.

Hasebrook, J., Zinn, B., & Schletz, A. (2018). Lebenslang kompetent: Lebensphasenorientiertes Kompetenzmanagement zwischen Anforderung und Überforderung. In J. Hasebrook, B. Zinn, & A. Schletz (Hrsg.), *Lebensphasen und Kompetenzmanagement: Ein Berufsleben lang Kompetenzen erhalten und entwickeln* (S. 1–13). Berlin: Springer.

Hays (Hrsg.) (2019). *Fachkräftemangel in Deutschland – Unterschätzt oder aufgebauscht?: Wie deutsche Führungskräfte auf den Fachkräftemangel blicken und wie sie ihn angehen. Eine empirische Studie von Hays.* Mannheim: o. V.

Helfferich, C. (2019). Leitfaden- und Experteninterviews. In N. Baur, & J. Blasius (Hrsg.), *Handbuch Methoden der empirischen Sozialforschung* (2. Aufl.) (S. 669–686). Wiesbaden: Springer Fachmedien.

Heyse, V., & Ortmann, S. (2008). *Talent Management in der Praxis. Eine Anleitung mit Arbeitsblättern, Checklisten, Softwarelösungen.* Münster: Waxmann.

Hossiep, R., Bittner, J., & Wolfram, B. (2008). *Mitarbeitergespräche. Motivierend, wirksam, nachhaltig.* Göttingen: Hogrefe.

IAB (2020). Institut für Arbeitsmarkt- und Berufsforschung, *IAB-Stellenerhebung: Aktuelle Ergebnisse.* https://www.iab.de/de/befragungen/stellenangebot/aktuelle-ergebnisse.aspx. Zugegriffen: 27. Oktober 2020.

Immerschitt, W., & Stumpf, M. (2019). *Employer Branding für KMU: Der Mittelstand als attraktiver Arbeitgeber* (2. Aufl.). Wiesbaden: Springer Gabler.

Institut DGB-Index Gute Arbeit (Hrsg.) (2019). *Prima Klima? Wie die Beschäftigten die sozialen Beziehungen im Betrieb bewerten [DGB-Index gute Arbeit, Kompakt 01/2019].* https://www.dgb.de/%2B%2Bco%2B%2B878fbff2-1f0e-11e9-bf54-52540088cada/DGB-Index-Gute-Arbeit-kompakt_Prima-Klima-Wie-die-Beschaeftigten-die-sozialen-Bedingungen-im-Betrieb-bewerten.pdf. Zugegriffen: 4. September 2020.

Jacobs, J. C., Kagermann, H., Sattelberger, T., Lange, T., Depiereux, P., Alphen, C. van, Greve, A., Lohmann, T., Bruckner, L., & Werther, S. (2018). Aktuelle Studien zur Zukunft der Arbeit. In S. Werther, & L. Bruckner (Hrsg.), *Arbeit 4.0 aktiv gestalten: Die Zukunft der Arbeit zwischen Agilität, People Analytics und Digitalisierung* (S. 23–45). Berlin: Springer.

Jetter, W. (2000). *Performance Management. Zielvereinbarungen, Mitarbeitergespräche,leistungsabhängige Entlohnungssysteme.* Stuttgart: Schäffer-Poeschel.

Kaiser, R. (2014). *Qualitative Experteninterviews: Konzeptionelle Grundlagen und praktische Durchführung.* Wiesbaden: Springer VS.

Keller, B., & Seifert, H. (2002). Flexicurity – Wie lassen sich Flexibilität und soziale Sicherheit vereinbaren? *Mitteilungen aus der Arbeitsmarkt- und Berufsforschung*, 35. Jg., 90–106.

Knackstedt, R., Truschkat, I., Häußling, R., & Zweck, A. (2020). Arbeitswelt im Wandel – Herausforderungen für Organisation und Individuum. In R. Knackstedt, I. Truschkat, R. Häußling, & A. Zweck (Hrsg.), *Betriebliches Kompetenzmanagement im demografischen Wandel: Orientierung für Wissenschaft und Praxis* (S. 1–12). Berlin: Springer.

Kühl, W., & Schäfer, E. (2020). *Intervision: Grundlagen und Perspektiven*. Wiesbaden: Springer.

Lackner, M. (2014). *Talent-Management spezial. Hochbegabte, Forscher und Künstler erfolgreich führen* (2. Aufl.). Wiesbaden: Springer Gabler.

Lamnek, S., & Krell, C. (2016). *Qualitative Sozialforschung: Mit Online-Material* (6. Aufl.). Weinheim, Basel: Beltz.

Lang, R. (2014). Neocharismatische Führungstheorien: Zurück zu den Wurzeln? In R. Lang, & I. Rybnikova, *Aktuelle Führungstheorien und -konzepte* (S. 101–104). Wiesbaden: Springer Gabler.

Mayring, P. (2020). Qualitative Forschungsdesigns. In G. Mey, & K. Mruck (Hrsg.), *Handbuch Qualitative Forschung in der Psychologie, Band 2: Designs und Verfahren* (2. Aufl.) (S. 3–17). Wiesbaden: Springer.

Mayring, P., & Fenzl, T. (2019). Qualitative Inhaltsanalyse. In N. Baur, & J. Blasius (Hrsg.), *Handbuch Methoden der empirischen Sozialforschung* (2. Aufl.) (S. 633–648). Wiesbaden: Springer Fachmedien.

McKinsey (2015). *Ten ways autonomous driving could redefine the automotive world.* https://www.mckinsey.com/industries/automotive-and-assembly/our-insights/ten-ways-autonomous-driving-could-redefine-the-automotive-world. Zugegriffen: 4. September 2020.

McKinsey (2020). *ACES 2019 survey: Can established auto manufacturers meet customer expectations for ACES?* https://www.mckinsey.com/industries/automotive-and-assembly/our-insights/aces-2019-survey-can-established-auto-manufacturers-meet-customer-exp ectations-for-aces. Zugegriffen: 29. September 2020.

Mönnig, A., Schneemann, C., Weber, E., Zika, G., & Helmrich, R. (2018). *Elektromobilität 2035: Effekte auf Wirtschaft und Erwerbstätigkeit durch die Elektrifizierung des Antriebsstrangs von Personenkraftwagen*, IAB-Forschungsbericht 8/2018, Institut für Arbeitsmarkt- und Berufsforschung der Bundesagentur für Arbeit (Hrsg.), Nürnberg. https://doku.iab. de/forschungsbericht/2018/fb0818.pdf. Zugegriffen: 26. Oktober 2020.

Nerdinger, F. W. (2019). Organisationsentwicklung. In F. W. Nerdinger, G. Blickle, & N. Schaper, *Arbeits- und Organisationspsychologie* (4. Aufl.) (S. 179–191). Berlin: Springer.

North, K., Reinhardt, K., & Sieber-Suter, B. (2013). *Kompetenzmanagement in der Praxis. Mitarbeiterkompetenzen systematisch identifizieren, nutzen und entwickeln* (2. Aufl.) Wiesbaden: Springer Gabler.

NPM (2020). Nationale Plattform Zukunft der Mobilität Arbeitsgruppe 4, *1. Zwischenbericht zur strategischen Personalplanung und -entwicklung im Mobilitätssektor*. Bundesministerium für Verkehr und digitale Infrastruktur (Hrsg.), Berlin. https://www.plattf orm-zukunft-mobilitaet.de/wp-content/uploads/2020/03/NPM-AG-4-1-Zwischenberi cht-zur-strategischen-Personalplanung-und-Entwicklung-im-Mobilit%C3%A4tssektor. pdf. Zugegriffen: 26. Oktober 2020.

N-TV (03.07.20). N-TV.de, *Autoindustrie warnt vor Stellenabbau.* https://www.n-tv.de/wirtschaft/Autoindustrie-warnt-vor-Stellenabbau-article21889494.html. Zugegriffen: 4. September 2020.

Olfert, K. (2012). Personalentwicklung. In: K. Olfert (Hrsg.), *Personalwirtschaft* (15. Aufl.) (S. 441–504). Herne: NWB.

Przyborski, A., & Wohlrab-Sahr, M. (2014). *Qualitative Sozialforschung: Ein Arbeitsbuch* (4. Aufl.). München: Oldenbourg.

rbb (2020). Rundfunk Berlin-Brandenburg rbb24, 19.02.2020: *Tesla will in Grünheide 12.000 Menschen beschäftigen.* https://www.rbb24.de/wirtschaft/thema/tesla/beitraege/tesla-gig afactory-ausschreibung-12000-menschen.html. Zugegriffen: 4. September 2020.

Ritz, A., & Thom, N. (2011). Talent Management auf dem Prüfstand. Was Sie für Ihren Führungsalltag wissen müssen. In A. Ritz, & N. Thom (Hrsg.). *Talent Management. Talente identifizieren, Kompetenzen entwickeln, Leistungsträger erhalten* (2. Aufl.) (S. 235–253). Wiesbaden: Gabler.

Rosenberger, B., Kreil, K., & Bankl, M. (2014). Sicher in die Zukunft. Strategisches Talent Management macht es möglich. In B. Rosenberger (Hrsg.), *Modernes Personalmanagement. Strategisch-operativ-systemisch* (S. 66–82). Wiesbaden: Springer Gabler.

Rump, J., & Eilers, S. (2017). Trends und Entwicklungen im Kontext von New Work. In W. Jochmann, I. Böckenholt, & S. Diestel (Hrsg.), *HR-Exzellenz: Innovative Ansätze in Leadership und Transformation* (S. 187–201). Wiesbaden: Springer Gabler.

Ruthus, J. (2014). *Arbeitgeberattraktivität aus Sicht der Generation Y: Handlungsempfehlungen für das Human Resources Management.* Wiesbaden: Springer Gabler.

Scholz, C. (1999). Personalmarketing für High Potentials. Über den Umgang mit Goldfischen und Weihnachtskarpfen. In A. Thiele, & B. Eggers (Hrsg.), *Innovatives Personalmarketing für High-Potentials* (S. 27–38) Göttingen: Hogrefe.

Scholz, G. (2018). Fit für die Digitalisierung [Working Out Loud]. *Automobilwoche* [Karriereführer der Autobranche 2018 (Spezial/Juni 2018)], 7.

Schreier, M. (2020). Fallauswahl. In G. Mey, & K. Mruck (Hrsg.), *Handbuch Qualitative Forschung in der Psychologie, Band 2: Designs und Verfahren* (2. Aufl.) (S. 19–39). Wiesbaden: Springer.

Schröder, M. (2018). Der Generationenmythos. *Kölner Zeitschrift für Soziologie und Sozialpsychologie*, 70 (3), 469–494.

Sebald, H., & Ennekin, A. (2006). Was Mitarbeiter bewegt und Unternehmen erfolgreich Macht. Gewinnen, Binden und Motivieren von Mitarbeitern als erfolgskritischer Beitrag zum Unternehmenserfolg. Towers Perrin Deutschland Global Workforce Study. Frankfurt: o. V.

Starck, R., & von der Linden, C. (2008.). Talente: weltweit gesucht. In *Wirtschaftspsychologie aktuell* 3/2008. 21–24.

Steinweg, S. (2009). *Systematisches Talent Management. Kompetenzen strategisch einsetzen.* Stuttgart: Schäffer-Poeschel.

Stulle, K. P. (2018). *Goldene Regeln für das Talentmanagement: Worauf Unternehmen achten sollten, um erfolgskritische Positionen zu besetzen.* Wiesbaden: Springer Gabler.

Thom, N., & Giesen, B. (1998). Vorwort der Herausgeber. In N. Thom, & B. Giesen (Hrsg.), *Entwicklungskonzepte und Personalmarketing für den Fach- und Führungsnachwuchs. Mit Fallstudien aus der Personalpraxis* (2. Aufl.) (S. 3). Köln: Staufenbiel.

Tietze, K.-O. (2020). *Kollegiale Beratung: Problemlösungen gemeinsam entwickeln* (10. Aufl.). Reinbek bei Hamburg: Rowohlt Taschenbuch.

Universum (2020). *The Most Attractive Employers in Germany.* Universum Communications Sweden. https://universumglobal.com/de/automobilbranche-im-umbruch/. Zugegriffen: 2. November 2020.

Weckmüller, H. (2013). Grundlagen eines faktenbasierten Personalmanagements. In H. Weckmüller (Hrsg.), *Exzellenz im Personalmanagement: Neue Ergebnisse der Personalforschung für Unternehmen nutzbar machen* (S. 23–96). Freiburg, München: Haufe.

Weibler, J. (2001). *Personalführung.* München: Vahlen.

WiWo (21.06.2020). Wirtschaftswoche online, *VW will 5000 Stellen bei Nutzfahrzeugen streichen und Fertigung nach Polen verlagern.* https://www.wiwo.de/unternehmen/ind ustrie/stellenabbau-vw-will-5000-stellen-bei-nutzfahrzeugen-streichen-und-fertigung-nach-polen-verlagern/25936232.html. Zugegriffen: 4. September 2020.

Wollsching-Strobel, P., & Sternecker, P. (2012). Talentmanagement in Unternehmen. Professionelle Nachwuchsförderung. In P. Wollsching-Strobel, & B. Prinz (Hrsg.), *Talentmanagement mit System. Von Top-Performern lernen – Leistungsträger im Unternehmen wirksam unterstützen – Der PWS-Ansatz* (S. 89–113). Wiesbaden: Springer Gaber.

Wüthrich, H. A. (2020). Die Corona-Krise als „Möglichkeitslabor" für die Zukunft begreifen! *zfo – Zeitschrift Führung + Organisation* 89 (3), 164–167.

ZDK (2020). Zentralverband Deutsches Kraftfahrzeuggewerbe. *Zahlen & Fakten 2019 – Ausgabe 2020.* Wirtschaftsgesellschaft des Kraftfahrzeuggewerbes mbH (Hrsg.). https://www.kfzgewerbe.de/fileadmin/user_upload/Presse/Zahlen_Fakten/Zahlen___Fak ten_2019.pdf. Zugegriffen: 26. Oktober 2020.

Zinn, B., Nickolaus, R., & Duffke, G. (2018). Lebensphasen und darauf bezogene Konzepte zur Förderung der Fach- und Sozialkompetenz. In J. Hasebrook, B. Zinn, & A. Schletz (Hrsg.), *Lebensphasen und Kompetenzmanagement: Ein Berufsleben lang Kompetenzen erhalten und entwickeln* (S. 17–36). Berlin: Springer.

Zukunftsinstitut (2020). *Megatrends.* https://www.zukunftsinstitut.de/dossier/megatrends/. Zugegriffen: 29. September 2020.

Printed in the United States
By Bookmasters